어린이 CEO와 함께 떠나는

한셀 NEO

어린이 CEO와 함께 떠나는 한셀 NEO

초판 1쇄 발행_2022년 06월 20일
지은이 웰북교재연구회 **발행인** 임종훈
표지 · 편집디자인 인투 **출력 · 인쇄** 정우 P&P
주소 서울시 마포구 방울내로 11길 37 프리마빌딩 3층
주문/문의전화 02-6378-0010 **팩스** 02-6378-0011
홈페이지 http://www.wellbook.net

발행처 도서출판 웰북
ⓒ 도서출판 웰북 2022
ISBN 979-11-86296-84-4 13000

Contents

이 책의 차례

01 나는 슬기로운 어린이 CEO!

학습 목표
- 경제란 무엇인지 알아보아요.
- 우리 주변의 경제 활동에 대해 알아보아요.

월	일	타수

경제를 잘 아는 슬기로운 어린이가 될래요!

1 타자연습

- 경제에 대해 쉽게 알 수 있는 방법을 알아보아요.
- 한컴타자연습에서 이야기를 타자로 연습해요.

⦿ **연습파일 :** 어린이CEO.txt

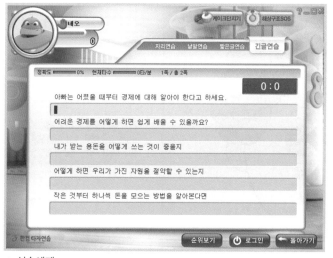

▲ 실습예제

궁금해요

경제란 우리가 살아가기 위해 필요한 물건들을 만들고 나누고 쓰는 모든 활동을 말해요. 우리가 사는 데 필요한 것 중에서 책이나 과일, 가방과 같이 만질 수 있는 것을 재화라고 하고, 미용사의 머리 손질이나 옷을 수선하는 것같이 다른 사람에게 만족을 주는 것을 서비스라고 해요. 재화와 서비스를 사용하는 소비 활동, 물건을 만드는 생산 활동, 나누는 분배 활동을 모두 경제라고 해요.

② 이야기 그리기

- 시장에 가면 여러 가지 맛있는 과일들을 살 수 있어요.
- 엄마와 함께 시장에서 산 과일로 못난이 인형을 만들어 볼까요?

◉ **연습파일** : 과일얼굴.gif

작업예제

완성예제

그림판에서 과일얼굴
그림을 불러온 후 [새 채우기]
툴로 예쁜 색을 골라
채워 보세요.

따라해보세요

③ 한셀로 만들어요

- 새로운 문서를 만들고 저장하는 방법을 알아보아요.
- 셀에 데이터를 입력하는 방법을 알아보아요.

◉ **연습파일** : 새로 만들기
◎ **완성파일** : 시장(완성).cell

한셀 2016에서 새로운 문서를 만들고 시트에 자료를 입력하는 방법에 대해 알아보아요.

	A	B	C	D	E	F	G
1							
2		시장에 가면 만날 수 있어요!					
3							
4		과일	야채	고기	생선	간식	
5		사과	감자	닭가슴살	고등어	식빵	
6		배	양파	돼지갈비	갈치	쿠키	
7		오렌지	당근	삼겹살	새우	초콜릿	
8		딸기	오이	등심	꽃게	사탕	
9		멜론	시금치	족발	오징어	젤리	
10							

▲ 완성파일

① 한셀 2016을 실행하면 비어있는 시트가 나타나요. 글자를 입력할 셀을 마우스로 클릭하고 그림과 같이 입력해요.

	A	B	C	D	E	F	G
1							
2		시장에 가면 만날 수 있어요!					
3							
4		과일	야채	고기	생선	간식	
5		사과	감자	닭가슴살	고등어	식빵	
6		배	양파	돼지갈비	갈치	쿠키	
7		오렌지	당근	삼겹살	새우	초콜릿	
8		딸기	오이	등심	꽃게	사탕	
9		멜론	시금치	족발	오징어	젤리	
10							

② 마우스를 드래그해서 [B4:F9] 셀을 블록 설정해요. [서식] 탭–[맞춤] 그룹에서 [가운데(▤)]를 클릭하면 글자를 가운데로 정렬할 수 있어요.

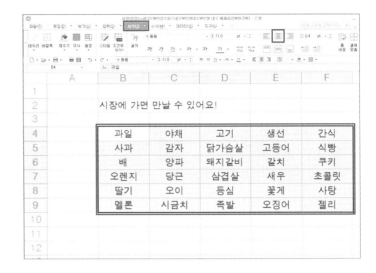

③ 입력 작업이 끝난 파일을 저장하기 위해 [파일] 탭–[저장하기(💾)]를 클릭해요.

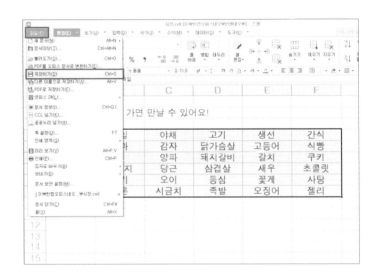

④ [다른 이름으로 저장하기] 대화 상자가 표시되면 [파일 이름]에 '시장.cell'을 입력하고 [저장] 단추를 클릭해요.

1 그림과 같이 시트에 글자를 입력하고 정렬한 후 저장해 보세요.

⊙ 연습파일 : 새로 만들기
◎ 완성파일 : 시장놀이(완성).cell

	A	B	C	D	E	F	G
1							
2		엄마와 함께 시장에 가면 재미있는 물건들이 많아요.					
3							
4		생선가게에 가면 커다란 생선들이 동그랗게 눈을 뜨고 있어요.					
5							
6		빵가게 앞을 지나면 방금 구운 빵냄새가 솔솔 나요.					
7							
8		과일가게에는 예쁜 색의 과일들이 많이 있어요.					
9							
10		채소가게에는 울퉁불퉁한 채소들을 만날 수 있었어요.					
11							
12		엄마와 함께 시장에 가면 많은 물건들을 만날 수 있어요.					
13							

2 그림과 같이 시트에 글자를 입력하고 정렬한 후 저장해 보세요.

⊙ 연습파일 : 새로 만들기
◎ 완성파일 : 좋아하는과일(완성).cell

	A	B	C	D	E	F	G
1							
2		내가 좋아하는 과일					
3							
4		사과		키위		포도	
5			오렌지		수박		
6		파인애플		복숭아		배	
7			바나나		딸기		
8		석류		자두		체리	
9							

02 옛날에는 어떻게 물건을 사고팔았을까?

학습 목표
- 돈이 없었던 옛날에는 어떻게 물건을 사고팔았는지 알아보아요.
- 물건을 교환하는 물물교환에 대해 알아보아요.

월	일	타수

예쁜 꽃바구니로
물건을 바꿔요!

1 타자연습

돈을 사용하지 않았던 옛날에는 어떻게 물물교환을 했는지 한컴타자연습에서
이야기를 타자로 연습해요.

⊙ 연습파일 : 물물교환.txt

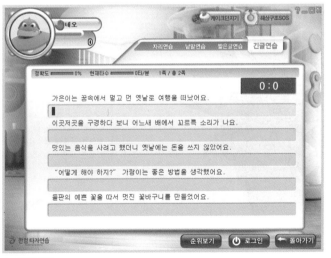

▲ 실습예제

물물교환은 돈이나 화폐가 만들어지기 전의 사회에서 서로
가 가지고 있는 물건들을 교환하는 방식이에요. 농사를 지
어 수확한 쌀이나 과일, 산이나 바다에서 잡은 짐승이나 생
선, 직접 만든 그릇이나 목걸이 같은 물건들을 필요한 물건
으로 서로 바꾸기도 했어요. 옛날에는 소금이나 쌀, 조개껍
데기가 지금의 돈과 같이 사용되었어요.

2 이야기 그리기

- 가은이가 만든 예쁜 꽃바구니를 우리도 만들어 볼까요?
- 예쁜 꽃을 한가득 담고 색을 채워 완성해 보세요.

⊙ 연습파일 : 꽃바구니.gif

작업예제

완성예제

그림판에서 꽃바구니
그림을 불러온 후 [색 채우기]
툴로 예쁜 색을 골라
채워 보세요.

따라해보세요

3 한셀로 만들어요

- 글자 서식을 지정하는 방법을 알아보아요.
- 여러 셀의 서식을 변경하는 방법을 알아보아요.

◉ 연습파일 : 옛날시장.cell
◎ 완성파일 : 옛날시장(완성).cell

시트에 입력된 텍스트에 글꼴 서식을 지정하고 여러 셀을 선택해서 한꺼번에 서식을 바꾸는 방법을 알아보아요.

옛날 시장에서는 어떤 물건을 팔았을까?

어물전에서는 가까운 바다에서 잡은 생선을 팔아요.

쌀가게에서는 직접 농사를 지은 곡식들을 팔아요.

떡가게에서는 쿵덕쿵덕 방아를 찧어 맛있는 떡을 만들어요.

책가게에서는 붓으로 직접 글씨를 써서 만든 책을 팔아요.

내가 가지고 싶은 예쁜 빗을 사려면 어떻게 해야 할까요?

들판에 피어있는 예쁜 꽃들을 바구니에 담아 바꿔 볼래요.

▲ 완성파일

① 파일을 불러온 후 그림과 같이 [B2:K8] 셀을 블록으로 설정하고 [서식] 탭-[글꼴] 그룹에서 [글꼴]은 '궁서체', [글꼴 색]은 '파랑', [글꼴 크기]는 '18pt'를 선택해요.

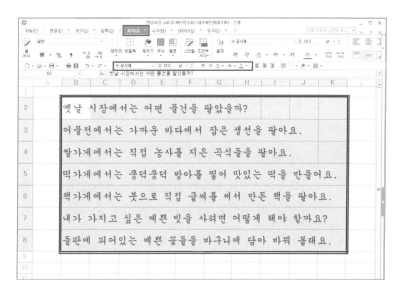

② 여러 셀을 선택하기 위해 Ctrl 을 누른 상태에서 서식을 바꾸려는 셀을 마우스로 드래그해서 선택해요.

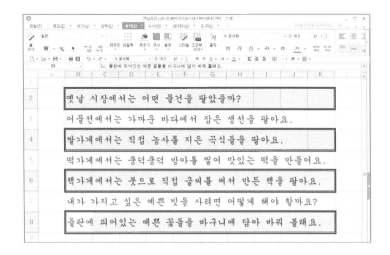

③ [서식] 탭-[글꼴] 그룹에서 [글꼴]은 'HY나무B', [글꼴 색]은 '빨강'을 선택해서 글꼴 서식을 바꿔요.

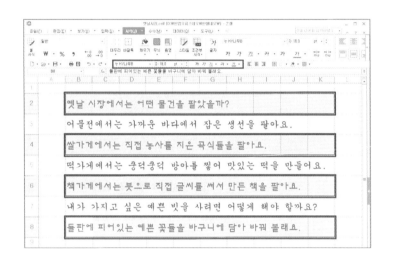

④ 같은 방법으로 그림과 같이 다양한 글꼴과 색을 설정해 완성해요.

	A	B	C	D	E	F	G	H	I	J
1										
2		옛날 시장에서는 어떤 물건을 팔았을까?								
3		어물전에서는 가까운 바다에서 잡은 생선을 팔아요.								
4		쌀가게에서는 직접 농사를 지은 곡식들을 팔아요.								
5		떡가게에서는 쿵덕쿵덕 방아를 찧어 맛있는 떡을 만들어요.								
6		책가게에서는 붓으로 직접 글씨를 써서 만든 책을 팔아요.								
7		내가 가지고 싶은 예쁜 빗을 사려면 어떻게 해야 할까요?								
8		들판에 피어있는 예쁜 꽃들을 바구니에 담아 바꿔 볼래요.								
9										

① 파일을 불러온 후 그림과 같이 다양한 글꼴 서식을 지정해 보세요.

◉ 연습파일 : 과일무지개.cell
◎ 완성파일 : 과일무지개(완성).cell

	A	B	C	D
1				
2			과일로 무지개를 만들어요!	
3				
4		빨강	동그란 빨간 사과	
5		주황	껍질이 울퉁불퉁한 오렌지	
6		노랑	길쭉하게 생긴 바나나	
7		초록	줄무늬가 있는 커다란 수박	
8		파랑	새콤 달콤한 블루베리	
9		남색	동글동글 달콤한 포도	
10		보라	껍질이 톡 벌어진 무화과	
11				

② 파일을 불러온 후 그림과 같이 다양한 글꼴 서식을 지정해 보세요.

◉ 연습파일 : 좋아하는동물.cell
◎ 완성파일 : 좋아하는동물(완성).cell

	A	B	C	D	E	F
1						
2			우리반 친구들이 좋아하는 동물			
3						
4		번호	이름	좋아하는 동물	좋아하는 이유	
5		1	김가은	토끼	하얗고 귀여워요	
6		2	이광현	사자	밀림의 왕이예요	
7		3	지영수	햄스터	작고 귀여워요	
8		4	김종화	기린	목이 길어요	
9		5	이유희	사슴	눈이 예뻐요	
10		6	민경화	원숭이	장난꾸러기예요	
11		7	박효정	말	뛰는모습이 멋져요	
12						

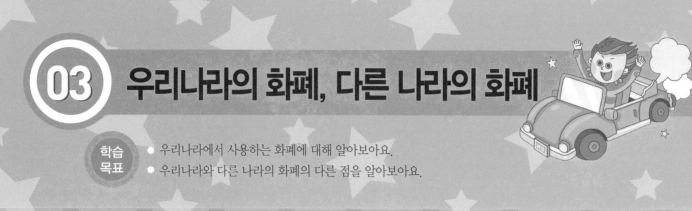

03 우리나라의 화폐, 다른 나라의 화폐

타자연습

- 우리나라와 다른 나라의 화폐는 왜 다른지 알아보아요.
- 한컴타자연습에서 이야기를 타자로 연습해요.

⊙ **연습파일 : 다른나라화폐.txt**

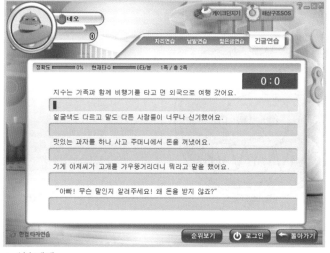

▲ 실습예제

우리나라에서는 '원'이라고 불리는 화폐단위를 사용해요. 다른 나라에서 사용하는 돈이나 화폐는 '달러', '프랑', '엔' 등 여러 가지 단위를 사용해요. 돈의 가치도 다른데 미국의 '1달러'는 우리나라에서 약 '1,177원'의 가치를 가져요. 이렇게 돈마다 가치가 다른 것을 환율이라고 하는데 환율은 매일 조금씩 바뀌어요. 다른 나라에서 어떤 돈과 화폐를 사용하는 선생님과 알아보세요.

이야기 그리기

- 다른 나라에서 사용하는 동전들은 우리나라와 모양이 다르다고 해요.
- 여러분들이 생각하는 모양을 넣어 동전을 만들어 보세요.

◉ 연습파일 : 동전.gif

작업예제

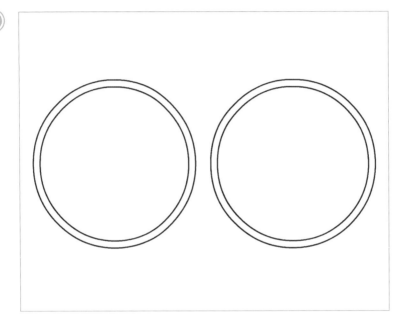

완성예제

그림판에서 동전 그림을
불러온 후 [브러시] 툴로
원하는 그림을 그려 완성하세요.
[색 채우기] 툴로 예쁜 색을
골라 채워 보세요.

따라해보세요

3 한셀로 만들어요

- 한글을 한자로 변경하는 방법을 알아보아요.
- 기호를 입력하는 방법을 알아보아요.

⊙ 연습파일 : 다른나라화폐.cell
◎ 완성파일 : 다른나라화폐(완성).cell

다른 나라의 이름을 한자로 바꾸고 다양한 기호를 입력하는 방법을 알아보아요.

다른 나라의 화폐				
나라이름	영문	한자	명칭	화폐기호
한국	KOREA	韓國	원	₩
독일	GERMANY	獨逸	유로	€
인도	INDIA	印度	루피	Rs
미국	USA	美國	달러	$
영국	UK	英國	파운드	£

▲ 완성파일

① 나라 이름을 한자로 입력하기 위해 [D5] 셀에 '한'을 입력하고 한자 를 눌러요. 한자 목록이 표시되면 해당하는 한자를 마우스로 선택해요.

19

② [D5:D9] 셀에 그림과 같이 각 나라의 이름을 입력하고 한자로 바꿔요.

다른 나라의 화폐				
나라이름	영문	한자	명칭	화폐기호
한국	KOREA	韓國	원	
독일	GERMANY	獨逸	유로	
인도	INDIA	印度	루피	
미국	USA	美國	달러	
영국	UK	英國	파운드	

③ 화폐기호를 입력하기 위해 [F5] 셀을 선택하고 [입력] 그룹-[문자표(※)]를 클릭해요. [사용자 문자표] 탭의 [화폐기호]에서 입력하려는 화폐기호를 선택하고 [넣기] 단추를 클릭해요.

④ 그림과 같이 각 나라의 화폐기호를 입력해서 시트를 완성해요. 원(₩)이나 달러($)와 같은 기호는 키보드에서 바로 입력할 수도 있어요.

다른 나라의 화폐				
나라이름	영문	한자	명칭	화폐기호
한국	KOREA	韓國	원	₩
독일	GERMANY	獨逸	유로	€
인도	INDIA	印度	루피	Rs
미국	USA	美國	달러	$
영국	UK	英國	파운드	£

① 사자성어를 그림과 같이 한자로 변환해서 시트를 완성해 보세요.

⊙ 연습파일 : 경제사자성어.cell
◎ 완성파일 : 경제사자성어(완성).cell

	A	B	C	D
1				
2		사자성어로 배우는 경제이야기		
3				
4		사자성어	한자	뜻
5		적진성산	積塵成山	티끌을 모아 산을 이룬다.
6		다다익선	多多益善	많으면 많을수록 더 좋다.
7		일거양득	一擧兩得	한 가지 일을 하여 두 가지 이익을 얻는다.
8		매점매석	買占賣惜	사서 쌓아두고 팔지는 않는다.
9		우공이산	愚公移山	꾸준히 열심히 일하면 큰 일을 이룰 수 있다.
10				

② 기호를 삽입해서 그림과 같이 시트를 완성해 보세요.

⊙ 연습파일 : 해외여행.cell
◎ 완성파일 : 해외여행(완성).cell

	A	B	C	D	E	F
1						
2		친구들이 가고 싶은 나라				
3						
4		나라	수도	유명한 곳	선호도	
5		미국	워싱턴	브로드웨이, 디즈니랜드	★★★	
6		영국	런던	런던탑, 자연사박물관	★★★★	
7		프랑스	파리	에펠탑, 루브르박물관	★★★★★	
8		이탈이아	로마	트레비분수, 바티칸	★★★	
9						

04 알뜰하게 절약해요.

학습 목표
- 생활 속에서 절약할 수 있는 것에 대해 알아보아요.
- 우리가 아껴서 사용해야 하는 자원에 대해 알아보아요.

월	일	타수

타자연습

- 생활 속에서 자원을 절약하는 방법에 대해 알아보아요.
- 한컴타자연습에서 이야기를 타자로 연습해요.

⊙ **연습파일 : 자원절약.txt**

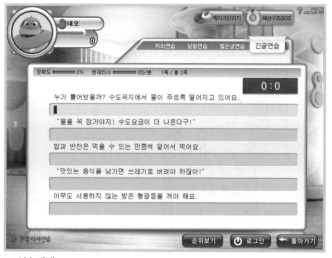

▲ 실습예제

궁금해요

우리가 살아가기 위해 필요한 자원들은 여러 가지가 있어요. 물이나 석유, 광물과 같은 자원들이 없어진다면 어떻게 될까요? 지금은 충분히 사용할 수 있지만 계속 사용할수록 줄어들게 되는 것이 자원이에요. 그렇기 때문에 평소 자원을 절약하는 습관을 가져야 해요. 부족한 자원을 대신하기 위해 태양 에너지와 같은 새로운 자원들을 사용하기도 해요.

2 이야기 그리기

- 우리가 사용하는 자원들은 아껴야만 해요.
- 물이 떨어지고 있지 않도록 그림을 완성해 보세요.

⊙ 연습파일 : 물절약.gif

작업예제

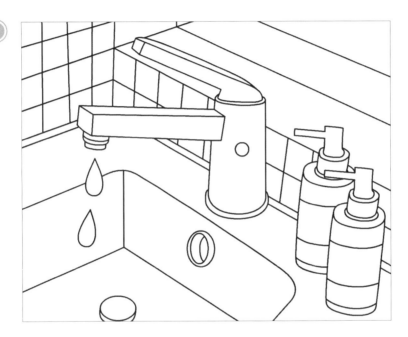

완성예제

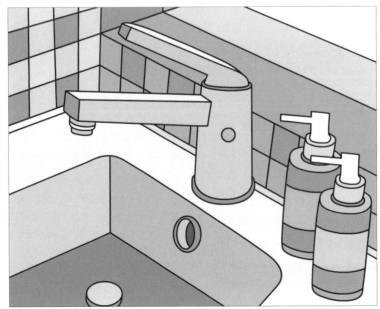

그림판에서 물절약
그림을 불러온 후 [지우개]
툴로 떨어지는 물방울을
지워 보세요. [색 채우기]
툴로 예쁜 색을 골라
채워 완성해요.

따라해보세요

3 한셀로 만들어요

- 셀의 크기를 조절하는 방법을 알아보아요.
- 열 너비와 행 높이를 조절하는 방법을 알아보아요.

⊙ **연습파일** : 자원절약.cell
◎ **완성파일** : 자원절약(완성).cell

한셀에서 원하는 모양의 표를 만들려면 어떻게 해야 할까요? 시트의 셀 크기를 조절하는 방법을 알아보아요.

	A	B	C	D
1				
2		아끼는 것이 돈을 버는 것이에요!		
3				
4		물을 절약해요	수도꼭지를 꼭 잠가요	이를 닦을 때는 컵을 사용해요
5		전기를 절약해요	외출할 때는 등을 꺼요	안 쓰는 플러그는 빼놓아요
6		식비를 절약해요	음식을 남기지 않아요	외식 횟수를 줄여요
7		의류비를 절약해요	오래된 옷은 고쳐 입어요	안 맞는 옷은 바꿔 입어요
8		교통비를 절약해요	가까운 곳은 걸어가요	꼭 필요한 곳에만 택시를 타요
9				

▲ 완성파일

① [2] 행 머리글 아래로 마우스를 가져가 포인터 모양이 변경되면 마우스 왼쪽 버튼을 누른 채 아래로 드래그해요. 행의 높이가 변경된 것을 알 수 있어요.

② [B] 열 머리글 오른쪽으로 마우스를 가져가 포인터 모양이 변경되면 마우스 왼쪽 버튼을 누른 채 오른쪽으로 드래그해요. 열의 너비가 변경된 것을 알 수 있어요.

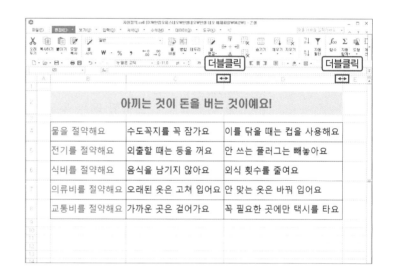

③ 글자가 입력된 열의 머리글 오른쪽을 마우스로 더블 클릭하면 입력된 글자 크기에 맞게 셀 너비가 변경돼요. 모든 열 머리글의 오른쪽을 더블 클릭해서 그림과 같이 너비를 조절해요.

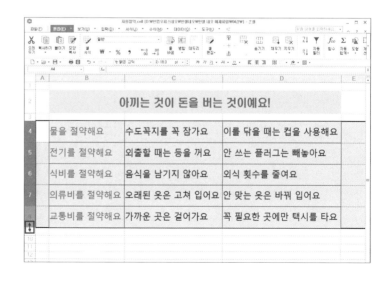

④ 글자가 입력된 모든 행 머리글을 드래그하여 모두 블록 선택하고 아래로 드래그하면 모든 행의 높이가 변경돼요.

혼자서 해보기

1 그림과 셀의 크기를 바꾸고 글꼴 서식을 적용하여 완성해 보세요.

◉ 연습파일 : 재활용수업.cell
◎ 완성파일 : 재활용수업(완성).cell

	A	B	C	D	E	F
1						
2		환경을 아끼는 재활용 수업 시간표				
3						
4		대상	교육시간	참석인원	수업내용	
5		1반	11:00~12:00	15명	우리 주변의 재활용품	
6		2반	10:00~11:00	10명	자원을 아껴요	
7		3반	09:00~10:00	15명	우리 주변의 재활용품	
8		4반	11:00~12:00	15명	우리 주변의 재활용품	
9		5반	09:00~10:00	12명	자원을 아껴요	
10						

2 그림과 셀의 크기를 바꾸고 글꼴 서식을 적용하여 완성해 보세요.

◉ 연습파일 : 자원절약발표.cell
◎ 완성파일 : 자원절약발표(완성).cell

	A	B	C	D	E	F	G
1							
2		자원 절약 발표회					
3							
4		발표순서	이름	반	발표내용	발표시간	
5		1	이선주	2반	전기를 아껴요	5분	
6		2	양현미	3반	물을 아껴요	5분	
7		3	송미소	3반	자원을 절약해요	5분	
8		4	이다래	2반	집에서 절약하는 방법	5분	
9		5	박윤서	1반	학교에서 절약하는 방법	5분	
10							

05 엄마! 내 세뱃돈은 어디에 있나요?

학습
목표

● 설날에 세뱃돈을 받는 이유에 대해 알아보아요.
● 친구들이 받은 세뱃돈이나 용돈을 어떻게 관리하는지 이야기 나누어요.

월	일	타수

새해 복 많이
받으세요!

에피소드 1 타자연습

- 세뱃돈과 같은 용돈을 어떻게 관리하는 것이 좋을까요?
- 한컴타자연습에서 이야기를 타자로 연습해요.

⊙ **연습파일 : 설날.txt**

	타수
연우는 설날이 가까워지면 기분이 너무 좋아요.	25
시골에 계신 할아버지, 할머니를 만나는 것도 좋아요.	55
가족들과 한 상에 둘러앉아 먹는 떡국도 너무 맛있어요.	86
어른들께 세배를 드리고 받는 용돈이 제일 좋아요.	114
엄마는 항상 내가 받은 세뱃돈을 달라고 하세요.	141
사고 싶은 것도 많은데 왜 내 세뱃돈을 가져가실까요?	171
그날 저녁에 엄마가 세뱃돈을 모아 놓은 통장을 보여 주셨어요.	206
어렸을 때부터 모아 놓은 세뱃돈이 차곡차곡 모여 있었어요.	239
조금씩 저축한 세뱃돈이 많이 모인 연우는 기분이 너무 좋았어요.	275

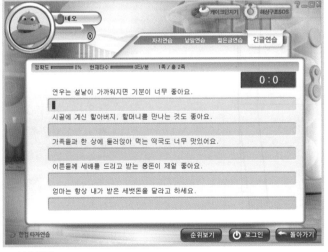

▲ 실습예제

궁금해요

세배는 섣달그믐이나 정초에 한 해를 시작하면서 웃어른께 인사로 드리는 절을 말해요. 아이들은 어른들에게 '건강하세요' 등 좋은 말씀을 올리고, 어른들은 아이들에게 덕담과 함께 돈을 많이 벌라는 의미로 세뱃돈을 주세요. 우리나라 이외에도 중국, 일본, 베트남에서도 비슷한 풍속이 있어요. 친구들이 받은 세뱃돈과 용돈은 어떻게 사용했는지 이야기를 나누어 보아요.

2 이야기 그리기

- 우리 대신 엄마가 저축해주신 통장에는 얼마나 모여 있을까요?
- 글자를 입력해서 통장을 완성해 보세요.

⊙ 연습파일 : 통장.gif

작업예제

거래일자	거래내용	금액	
1			
2			
3			
4			
5			

WELLBOOK BANK

완성예제

거래일자	거래내용	금액	
1	120921	은행입금	5,000	−
2	121025	CD	10,000	−
3	121211	은행입금	3,000	−
4				
5				

WELLBOOK BANK

그림판에서 통장 그림을
불러온 후 [텍스트] 툴로
비어 있는 곳에 글자를 입력해요.
[색 채우기] 툴로 예쁜 색을
골라 채워 보세요.

따라해보세요

한셀로 만들어요

- 여러 셀에 같은 데이터를 입력하는 방법을 알아보아요.
- 여러 셀에 같은 서식을 복사하는 방법을 알아보아요.

◉ 연습파일 : 예금통장.cell
◎ 완성파일 : 예금통장(완성).cell

시트에 같은 글자를 입력하려면 번거로울 수 있어요. 글자를 복사하는 방법을 알아보고 서식도 복사해
보아요.

	A	B	C	D	E	F
1						
2		연우의 예금 통장				
3						
4		거래일자	거래내용	금액	비고	
5		2022년 01월 03일	은행입금	₩ 10,000		
6		2022년 01월 09일	출금	₩ 5,000		
7		2022년 01월 15일	은행입금	₩ 10,000		
8		2022년 01월 21일	은행입금	₩ 10,000		
9		2022년 01월 27일	출금	₩ 5,000		
10						

▲ 완성파일

① 데이터를 복사하기 위해 [C5] 셀을
선택하고 [편집] 탭-[클립보드] 그
룹-[복사하기(📋)]를 클릭해요.

② [C7] 셀을 선택하고 [편집] 탭-[클립보드] 그룹-[붙이기(📋)]를 클릭해요. 같은 방법을 이용하여 [C8] 셀에는 '은행입금', [C9] 셀에는 '출금'을 복사해 입력해요.

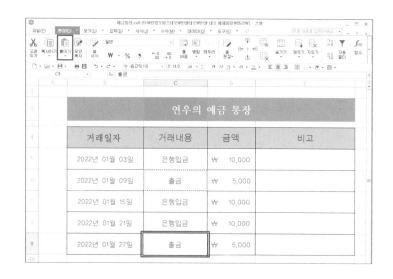

③ 서식을 복사하기 위해 [B4] 셀을 선택하고 [편집] 탭-[클립보드] 그룹-[모양 복사(🖌)]를 클릭해요.

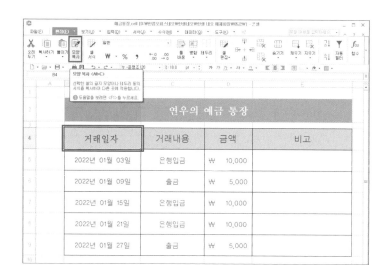

④ 마우스 포인터 모양이 변경되면 [C4] 셀부터 [E4] 셀까지 드래그해요. [B4] 셀에 적용된 서식이 모두 복사된 것을 확인할 수 있어요.

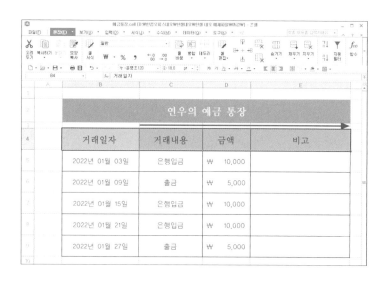

혼자서 해보기

① 셀에 입력된 데이터를 복사하여 그림과 같이 시트를 완성해 보세요.

◉ 연습파일 : 친척집.cell
◎ 완성파일 : 친척집(완성).cell

	A	B	C	D	E	F
1						
2		추석에 가야할 친척집				
3						
4		이름	사는곳	가족수	가려는 날짜	
5		할아버지집	서울	2명	9월 19일	
6		큰아버지집	일산	4명	9월 20일	
7		외할머니집	서울	2명	9월 19일	
8		고모집	일산	4명	9월 20일	
9		외삼촌집	서울	4명	9월 19일	
10						

② 셀에 입력된 데이터를 복사하여 그림과 같이 시트를 완성해 보세요.

◉ 연습파일 : 명절.cell
◎ 완성파일 : 명절(완성).cell

	A	B	C	D	E
1					
2		우리나라의 명절			
3					
4		명절이름	날짜	공휴일	
5		설날	음력 1월 1일	○	
6		정월대보름	음력 1월 15일		
7		단오	음력 5월 5일		
8		추석	음력 8월 15일	○	
9		동지	양력 12월 22~23일경		
10					

06 아빠는 왜 회사에 가야 해요?

학습 목표
- 어른들이 직장에 다니는 이유에 대해 알아보아요.
- 부모님과 함께 주말에 하고 싶은 일에 대해 이야기 나누어요.

에피소드

1 타자연습

- 아빠들은 왜 회사에서 일을 해야 하는지 알아보아요.
- 한컴타자연습에서 이야기를 타자로 연습해요.

◉ 연습파일 : 아빠힘내세요.txt

	타수
우리 아빠는 너무 바빠요. 얼굴을 보기도 힘들어요.	28
이른 아침에 우리가 눈도 뜨기 전에 회사에 가시고,	57
어두운 밤이 되어 잠이 들면 집에 들어오세요.	83
가끔은 주말에도 일이 많아 회사에 가셔야 한대요.	111
아빠하고 놀이공원도 가고 재미있는 영화도 보고 싶지만	141
우리들을 위해서 회사에 가서 일을 해야 한다고 하세요.	172
어느 날 아빠의 얼굴을 보니 못 보던 주름살이 생기셨어요.	205
"아빠! 힘드셔도 우리들 생각하면서 기운 내세요. 사랑해요!"	240

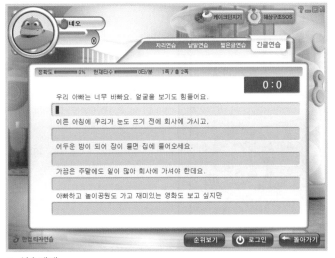

▲ 실습예제

궁금해요

누구나 어른이 되면 직업을 가지게 돼요. 회사를 다니거나 사업을 하는 경우가 대부분인데, 적성이나 능력에 따라 직업을 결정하며 일을 해야 생활할 수 있는 돈을 벌 수 있어요. 아빠가 피곤해도 일하는 이유는 우리가 공부하고 생활할 수 있는 돈을 벌어야 하기 때문이에요. 오늘은 힘든 아빠에게 기운 나는 말을 해 드리는 것은 어떨까요? 친구들과 부모님의 직업에 대해 이야기를 나누어 보아요.

2 이야기 그리기

- 회사일로 피곤해하시는 아빠에게 카드를 드리면 기운이 나시겠죠?
- 예쁘게 색칠하고 글자를 입력해 카드를 완성해요.

⊙ 연습파일 : 카드.gif

작업예제

완성예제

그림판에서 카드 그림을
불러온 후 [텍스트] 툴로
편지 내용을 입력해 보세요.
[색 채우기] 툴로 예쁜 색을
골라 채워 보세요.

따라해보세요

3 한셀로 만들어요

- 여러 셀에 같은 데이터를 채우는 방법을 알아보아요.
- 연속되는 데이터를 채우는 방법을 알아보아요.

◉ 연습파일 : 달력.cell
◎ 완성파일 : 달력(완성).cell

한셀에서는 많은 데이터를 빠르게 입력할 수 있어요. 연속되는 데이터를 셀에 어떻게 채우는지 알아
보아요.

	8월 달력						
	일요일	월요일	화요일	수요일	목요일	금요일	토요일
1주		1	2	3	4	5	6
2주	7	8	9	10	11	12	13
3주	14	15	16	17	18	19	20
4주	21	22	23	24	25	26	27
5주	28	29	30	31	빈칸	빈칸	빈칸

▲ 완성파일

① 요일을 자동으로 채우기 위해 [C4] 셀을 선택한 후 셀 오른쪽 아래에 표시된 조절점을 마우스로 [I4] 셀까지 드래그해요.

② 앞의 숫자가 자동으로 바뀌도록 하기 위해 [B5] 셀을 선택하고 셀 오른쪽 아래에 표시된 조절점을 마우스로 [B9] 셀까지 드래그해요.

③ 날짜를 자동으로 입력하기 위해 [D5:E5] 셀을 블록으로 선택한 후 셀 오른쪽 아래에 표시된 조절점을 마우스로 [I5] 셀까지 드래그해요. 나머지 부분도 같은 방법으로 드래그해서 그림과 같이 채워요.

④ [G9] 셀을 선택하고 셀 오른쪽 아래에 표시된 조절점을 마우스로 [I9] 셀까지 드래그해요. 같은 글자가 반복하여 입력돼요.

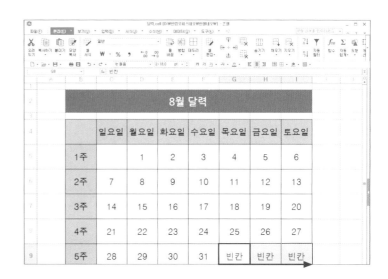

혼자서 해보기

① 자동 채우기를 이용하여 그림과 같이 시트를 완성해 보세요.

◉ 연습파일 : 체험학습.cell
◎ 완성파일 : 체험학습(완성).cell

	A	B	C	D	E	F	G	H	I
1									
2		5월~6월 체험학습일정							
3									
4		날짜	반	체험학습지		날짜	반	체험학습지	
5		5월 1일	1반	어린이민속박물관		6월 1일	1반	어린이민속박물관	
6		5월 2일	2반	어린이민속박물관		6월 2일	2반	어린이민속박물관	
7		5월 3일	3반	어린이민속박물관		6월 3일	3반	어린이민속박물관	
8		5월 4일	4반	어린이민속박물관		6월 4일	4반	어린이민속박물관	
9		5월 5일	5반	어린이민속박물관		6월 5일	5반	어린이민속박물관	
10		5월 6일	6반	어린이민속박물관		6월 6일	6반	어린이민속박물관	
11		5월 7일	7반	어린이민속박물관		6월 7일	7반	어린이민속박물관	
12		5월 8일	8반	어린이민속박물관		6월 8일	8반	어린이민속박물관	
13		5월 9일	9반	어린이민속박물관		6월 9일	9반	어린이민속박물관	
14									

② 자동 채우기와 글꼴 서식을 이용하여 그림과 같이 시트를 완성해 보세요.

◉ 연습파일 : 인디언달력.cell
◎ 완성파일 : 인디언달력(완성).cell

	A	B	C	D	E
1					
2		인디언 달력			
3					
4		달	영어	뜻	
5		1월	January	마음 깊은 곳에 머무는 달	
6		2월	February	삼나무에 꽃바람 부는 달	
7		3월	March	마음을 움직이게 하는 달	
8		4월	April	얼음이 풀리는 달	
9		5월	May	들꽃이 시드는 달	
10		6월	June	옥수수 수염이 나는 달	
11		7월	July	사슴이 뿔을 가는 달	
12		8월	August	다른 모든 것을 잊게 하는 달	
13		9월	September	작은 밤나무의 달	
14		10월	October	잎이 떨어지는 달	
15		11월	November	만물을 거두어 들이는 달	
16		12월	December	나뭇가지가 뚝뚝 부러지는 달	
17					

학습
목표
● 생활 속에서 돈을 아낄 수 있는 방법에 대해 알아보세요.
● 절약해서 부자가 된 사람들에 대해 알아보세요.

월	일	타수

① 타자연습

- 생활 속에서 아끼고 절약할 수 있는 방법을 알아보아요.
- 한컴타자연습에서 이야기를 타자로 연습해요.

⊙ 연습파일 : 할아버지.txt

	타수
우리 할아버지는 동네에서 소문난 구두쇠래요.	24
그런데 사람들은 구두쇠 할아버지를 너무나 좋아해요.	53
큰 회사도 운영하고 멋진 건물도 가지고 있으시대요.	82
십 년 동안 같은 구두를 신으세요. "아직 멀쩡하잖아!"	114
종이컵은 쓰지 않으세요. "일회용은 안 돼!"	140
가까운 곳은 걸어 다니세요. "운동도 되고 좋아!"	169
그래도 어려운 이웃을 돕는 일을 항상 좋아하세요.	197
아끼고 절약하는 할아버지가 나는 너무 좋아요.	223

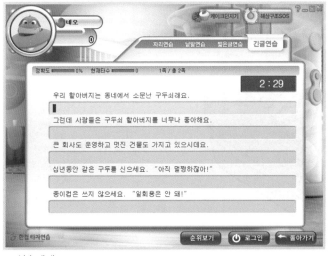

▲ 실습예제

궁금해요

구두쇠는 돈을 쓰는 데 있어 몹시 인색한 사람이라는 뜻이에요. 하지만 절약을 한다는 점에서는 본받을 것들이 많아요. 돈을 많이 버는 것도 중요하지만 필요한 곳에 잘 쓰는 것이 더 중요해요. 돈을 버는 것에만 노력하고 쓰는 데 인색하면 가족들이나 주변 사람들이 좋아하지 않아요. 대부분의 부자들은 번 돈을 아끼고 잘 쓰는 습관들을 가지고 있어요.

2 이야기 그리기

- 오랫동안 같은 신발을 신으면 더러워질 수 있죠?
- 더러워진 신발을 깨끗이 닦아서 새 신발처럼 만들어 보세요.

⊙ 연습파일 : 신발.gif

작업예제

완성예제

그림판에서 신발 그림을
불러온 후 [지우개] 툴로
지저분한 부분들을 없애 보아요.
[색 채우기] 툴로 예쁜 색을
골라 채워 완성해 보세요.

따라해보세요

3 한셀로 만들어요

- 셀의 내용을 다른 셀로 복사하고 이동하는 방법을 알아보아요.
- 셀을 삭제하는 방법을 알아보아요.

◉ 연습파일 : 절약.cell
◎ 완성파일 : 절약(완성).cell

시트에 입력한 데이터를 다른 셀로 복사하고 이동할 수 있어요. 필요 없는 셀을 삭제하는 방법도 알아보아요.

	날짜	전기	물	교통	기타
			아끼고 절약해요		
	9월 2일	○			
	9월 3일		○		
	9월 4일	○	○		○
	9월 5일			○	
	9월 6일	○			○

▲ 완성파일

① 셀에 입력된 데이터를 복사하기 위해 [C5] 셀을 선택하고 [편집] 탭-[클립보드] 그룹-[복사하기(📋)]를 클릭해요. Ctrl 을 누른 채 여러 셀을 선택한 후 [편집] 탭-[클립보드] 그룹-[붙이기(📋)]를 클릭해요.

② 데이터를 이동하기 위해 [E5] 셀을 선택하고 마우스로 셀 테두리를 드래그하여 [E10] 셀로 이동해요.

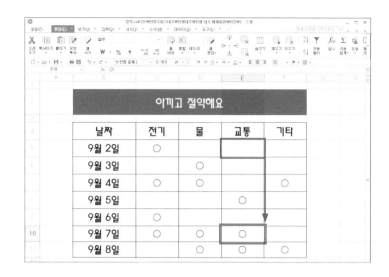

③ 필요 없는 셀을 지우기 위해 [11] 행을 모두 선택하고 마우스 오른쪽 버튼을 클릭한 후 [삭제]를 선택해요.

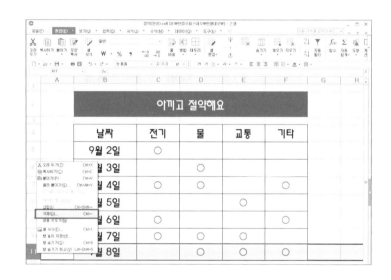

④ 선택한 행이 삭제된 것을 확인할 수 있어요. 같은 방법을 이용하여 [10] 행을 모두 삭제하여 완성해요.

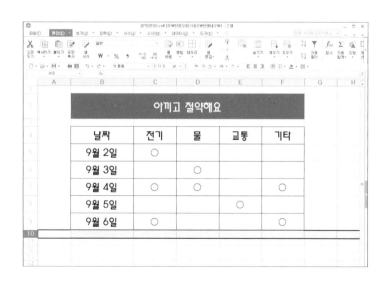

① 시트에 입력된 데이터를 복사 기능을 이용하여 그림과 같이 완성해 보세요.

⊙ 연습파일 : 절약왕.cell
◎ 완성파일 : 절약왕(완성).cell

월	1등	2등	3등	4등	5등
		올해의 우리반 절약왕			
1월	김가은	정민수	김가은	김가은	정한별
2월	정민수	김가은	김가람	서장미	이유리
3월	김가람	김가람	정민수	정한별	남궁연우
4월	서장미	서장미	김가람	고은미	김가람
5월	이유리	이유리	정한별	남궁연우	김가은
6월	정한별	정한별	이유리	정민수	신우철
7월	고은미	남궁연우	김가은	신우철	서장미
8월	남궁연우	신우철	정한별	이유리	양수연
9월	신우철	양수연	고은미	김가람	박찬수
10월	양수연	주은희	서장미	양수연	정민수
11월	박찬수	고은미	남궁연우	박찬수	주은희
12월	주은희	박찬수	신우철	주은희	고은미

② 시트에 입력된 데이터를 삭제해 그림과 같이 완성해 보세요.

⊙ 연습파일 : 수업인원.cell
◎ 완성파일 : 수업인원(완성).cell

월	일	담당선생님	참석인원수	결석학생수
		재활용품 만들기교실 참석인원		
6	1	김은정 선생님	12명	3명
6	2	고명순 선생님	14명	2명
6	3	박창수 선생님	12명	1명
6	5	고명순 선생님	16명	0명
6	6	박창수 선생님	19명	0명
6	7	김은정 선생님	12명	2명
6	8	고명순 선생님	10명	2명
6	9	박창수 선생님	11명	3명

08 어떤 것을 사는 것이 좋을까?

학습
목표

- 지금 꼭 사야 할 것은 어떤 것이 있는지 이야기 나누어요.
- 어떤 것을 사야 할지 망설였던 경험을 이야기 나누어요.

에피소드

1 타자연습

- 어떤 물건을 살까 고민했던 경험을 이야기 나누어요.
- 한컴타자연습에서 이야기를 타자로 연습해요.

⊙ 연습파일 : 기회비용.txt

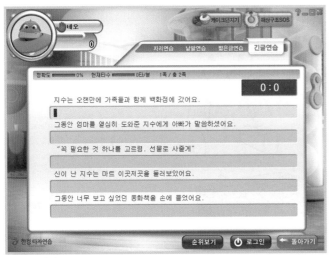

▲ 실습예제

궁금해요

갖고 싶은 장난감이 있다고 모든 돈을 장난감 사는 데 다 써버린다면 정말 필요한 물건을 살 수 없겠죠? 기회비용이란 꼭 필요한 물건을 사기 위해 선택하는 것을 말해요. 합리적인 소비를 하려면 친구들이 필요한 것을 계획하고 결정해야 해요. 지금 꼭 필요하지 않은 것은 사지 말고, 친구들과 함께 사용할 수 있는 것은 여러 개 사지 말고 하나만 사는 것도 합리적인 소비 방법이에요.

② 이야기 그리기

- 마트에 가면 갖고 싶은 것들이 정말 많죠?
- 친구들이 좋아하는 것들을 예쁘게 색칠하고 꼭 사고 싶은 것 하나만
동그라미로 선택하고 이유를 말해 보세요.

⊙ **연습파일** : 사고싶은물건.gif

작업예제

완성예제

그림판에서 사고싶은물건
그림을 불러온 후 [색 채우기]
툴로 예쁜 색을 골라
채워 보세요.

따라해보세요

3 한셀로 만들어요

- 셀 서식을 변경하는 방법을 알아보아요.
- 통화 기호와 백분율 서식을 적용하는 방법을 알아보아요.

◉ 연습파일 : 사고싶은물건.cell
◎ 완성파일 : 사고싶은물건(완성).cell

입력한 데이터는 친구들이 원하는 형식으로 변경할 수 있어요. 셀 서식을 이용하여 원하는 형식으로 바꾸어 보아요.

친구들이 사고 싶은 물건		
물건이름	가격	사고싶은 친구들
캐릭터 인형	₩10,000	20%
자동차	₩15,000	10%
게임기	₩70,000	40%
동화책	₩12,000	10%
미술놀이	₩25,000	20%
	조사한 날짜	2016년 9월 8일

▲ 완성파일

① 가격에 화폐 기호를 입력하기 위해 [C5:C9] 셀을 블록 설정하고 [편집] 탭-[셀 서식] 그룹에서 '통화'를 선택해요. 입력된 숫자에 화폐 기호와 쉼표 모양의 천 단위 구분 기호가 입력돼요.

친구들이 사고 싶은 물건		
물건이름	가격	사고싶은 친구들
캐릭터 인형	₩10,000	0.2
자동차	₩15,000	0.1
게임기	₩70,000	0.4
동화책	₩12,000	0.1
미술놀이	₩25,000	0.2
	조사한 날짜	2016-09-08

② [D5:D9] 셀을 블록 설정하고 [편집] 탭-[셀 서식] 그룹에서 '백분율 스타일(%)'을 클릭하면 소수로 표시된 데이터가 백분율 형식으로 바뀌어요.

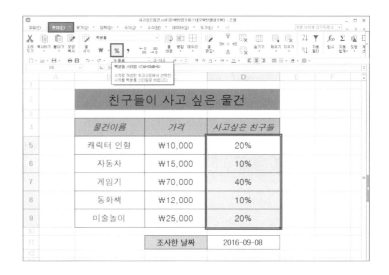

③ 날짜 형식을 바꾸기 위해 [D11] 셀을 선택하고 마우스 오른쪽 버튼을 클릭해서 바로 가기 메뉴에서 [셀 서식(□)]을 선택해요.

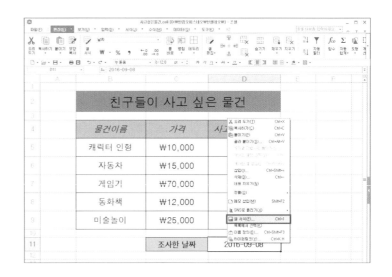

④ [셀 서식] 대화 상자가 표시되면 [표시 형식] 탭의 [구분]에서 '날짜'를 선택해요. [유형]에서 '2004년 10월 9일'을 선택하고 [설정] 단추를 클릭하면 입력한 데이터가 선택한 형식으로 표시돼요.

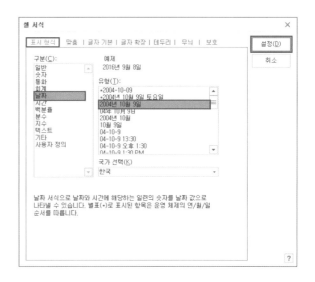

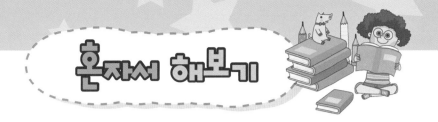

혼자서 해보기

① 셀 서식을 이용하여 입력된 화폐단위를 각 나라에 맞게 입력해 보세요.

◉ 연습파일 : 다른나라화폐기호.cell
◎ 완성파일 : 다른나라화폐기호(완성).cell

	A	B	C	D	E	F
1						
2		**다른 나라의 화폐 기호**				
3						
4		나라이름	화폐단위	나라이름	화폐단위	
5		한국	₩ 1,000	유럽	€ 1,000	
6		미국	$ 1,000	일본	¥ 1,000	
7		영국	£ 1,000	중국	¥ 1,000	
8						

② 셀 서식을 이용하여 입력된 날짜와 시간 데이터를 그림과 같이 변경해 보세요.

◉ 연습파일 : 요리대회.cell
◎ 완성파일 : 요리대회(완성).cell

	A	B	C	D	E	F	G
1							
2			**조별 요리대회 결과표**				
3							
4		조	요리이름	완성날짜	완성시간	점수	
5		1조	별난샌드위치	9월 12일	2시 05분	100점	
6		2조	폭탄주먹밥	9월 13일	2시 30분	90점	
7		3조	신기한햄버거	9월 14일	1시 55분	95점	
8		4조	마구섞어비빔밥	9월 15일	1시 40분	100점	
9		5조	딸기가좋아	9월 16일	2시 00분	90점	
10							

09 친구와 물건을 바꿔요.

학습
목표
● 물물교환이란 무엇인지 알아보아요.
● 일일장터에서 물물교환을 할 수 있는 물건을 찾아보아요.

월	일	타수

1 타자연습

- 일일장터가 열린다면 어떤 물건을 팔고 싶나요?
- 한컴타자연습에서 이야기를 타자로 연습해요.

⊙ 연습파일 : 일일장터.txt

	타수
오늘은 학교에서 일일장터를 하는 날이에요.	23
집에서 사용하지 않는 물건들을 서로 바꿀 거예요.	51
나는 어렸을 때 가지고 놀던 인형들을 가져왔어요.	79
다른 친구들도 장난감과 동화책을 한가득 가져왔어요.	108
어떤 친구들은 예쁜 머리띠와 옷들도 가져왔어요.	135
내가 가지고 온 귀여운 인형을 재미있는 동화책과 바꿨어요.	168
나에게는 쓸모없어도 다른 친구들은 필요할 수 있어요.	198
친구들과 함께 물건을 나누는 일일장터는 재미있어요.	227

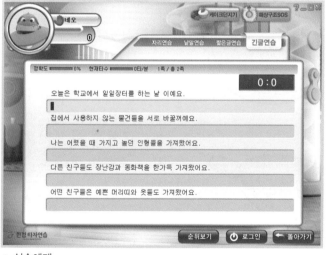

▲ 실습예제

궁금해요

물물교환은 돈으로 사고파는 것이 아니라 자기가 가지고 있는 물건 중에 서 더이상 필요 없는 물건들은 다른 사람의 물건과 바꾸는 것을 말해요. 물건이 원래 가지고 있는 가치는 시간이 지날수록 바뀌기 때문에 사용한 기간을 고려해서 가격을 정해요. 나에게 필요 없어도 다른 사람에게 필요한 물건인지 확인하고 교환해요.

2 이야기 그리기

- 일일장터에서 가장 인기 있는 머리핀을 만들어요.
- 머리핀을 예쁘게 장식해서 완성해 보세요.

◉ 연습파일 : 머리핀.gif

작업예제

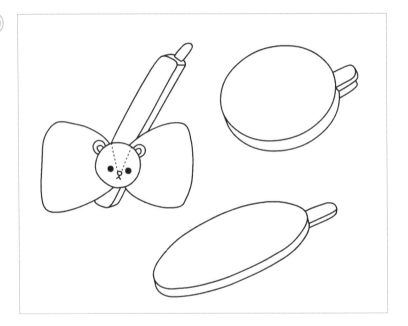

완성예제

그림판에서 머리핀
그림을 불러온 후 [색 채우기]
툴로 예쁜 색을 골라
채워 보세요.

따라해보세요

에피소드 3 한셀로 만들어요

- 셀에 색을 채우는 방법을 알아보아요.
- 원하는 셀을 선택하여 색을 채우는 방법을 알아보아요.

⊙ 연습파일 : 일일장터.cell
◎ 완성파일 : 일일장터(완성).cell

셀에 색을 채우면 데이터를 쉽게 구분할 수 있어요. 셀에 색을 채우는 방법을 알아보아요.

	날짜	베스트1	베스트2	베스트3
		일일장터 베스트 판매상품		
	날짜	베스트1	베스트2	베스트3
	10월 5일	만화 위인전	짜장 떡꼬치	미니 핫도그
	10월 6일	짜장 떡꼬치	미니 핫도그	문구세트
	10월 7일	미니 핫도그	캐릭터 인형	짜장 떡꼬치
	10월 8일	캐릭터 인형	문구세트	만화 위인전
	10월 9일	문구세트	만화 위인전	캐릭터 인형

▲ 완성파일

① 셀에 색을 채우기 위해 [B4:E4] 셀을 선택하고 [서식] 탭-[셀] 그룹-[채우기(🎨)]을 클릭해요. 색 목록이 표시되면 원하는 색을 선택해요. 같은 방법을 이용하여 다른 셀들도 그림과 같이 색을 채워요.

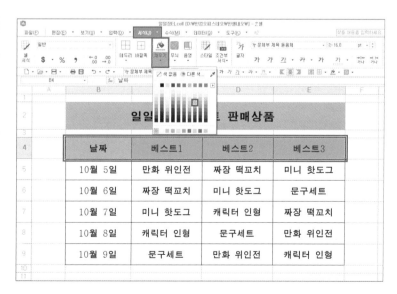

② 색을 채울 셀을 선택하기 위해 Ctrl 을 누른 상태에서 그림과 같이 [C5], [D9], [E8] 셀을 순서대로 클릭해요.

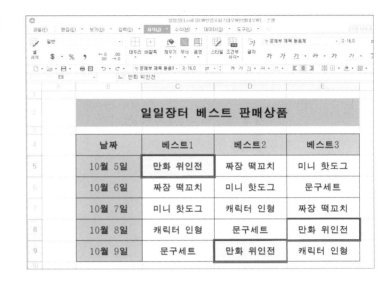

③ 3개의 셀이 선택되면 [서식] 탭- [셀] 그룹-[채우기(🎨)]를 클릭해요. 색 목록이 표시되면 원하는 색을 선택해요.

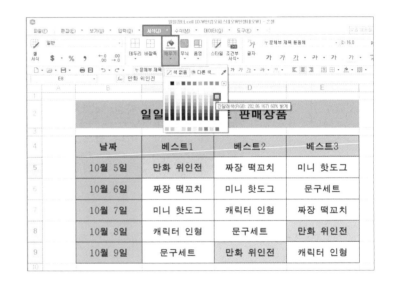

④ 같은 방법을 이용하여 나머지 셀에도 색을 채워 완성해요.

날짜	베스트1	베스트2	베스트3
10월 5일	만화 위인전	짜장 떡꼬치	미니 핫도그
10월 6일	짜장 떡꼬치	미니 핫도그	문구세트
10월 7일	미니 핫도그	캐릭터 인형	짜장 떡꼬치
10월 8일	캐릭터 인형	문구세트	만화 위인전
10월 9일	문구세트	만화 위인전	캐릭터 인형

일일장터 베스트 판매상품

혼자서 해보기

1 채우기 효과를 이용하여 그림과 같이 셀에 효과를 적용해 보세요.

◉ 연습파일 : 간식베스트.cell
◎ 완성파일 : 간식베스트(완성).cell

	A	B	C	D	E	F	G
1							
2				일일장터 간식 베스트3			
3							
4							
5		베스트1		베스트2		베스트3	
6		돈까스		과자		도넛	
7							

2 채우기 색과 글꼴 서식을 이용하여 그림과 같이 완성해 보세요.

◉ 연습파일 : 많이팔린물건.cell
◎ 완성파일 : 많이팔린물건(완성).cell

	A	B	C	D	E	F	G	H
1								
2			가장 많이 팔린 물건					
3								
4			10월 5일	10월 6일	10월 7일	10월 8일	10월 9일	
5		만화 위인전	5권	12권	6권	10권	10권	
6		짜장 떡꼬치	25개	12개	14개	17개	12개	
7		미니 핫도그	22개	20개	16개	30개	16개	
8		캐릭터 인형	9개	14개	20개	12개	18개	
9		문구세트	5개	8개	4개	5개	21개	
10								

10 돈보다 신뢰가 중요해요.

학습
목표
● 빌려준 물건을 돌려주지 않았거나 받지 못한 일을 알아보아요.
● 신용이란 무엇인지 알아보아요.

에피소드
1 타자연습

- 물건을 빌리고 돌려주지 않았던 경험에 대해 이야기 나누어요.
- 한컴타자연습에서 이야기를 타자로 연습해요.

⊙ 연습파일 : 빌렸어요.txt

	타수
학교 가는 길에 준비물을 가져오지 않은 것을 알았어요.	30
어떻게 할까? 지나가던 같은 반 친구에게 천 원을 빌렸어요.	64
문구점에 가는 길에 맛있는 떡볶이를 보니 너무 먹고 싶었어요.	99
아무 생각 없이 우선 사 먹었더니 어느새 돈을 다 쓰고 말았어요.	136
"어떻게 하지? 준비물도 못 샀고, 돈도 친구에게 돌려줘야 하는데…"	177
너무나도 걱정이 되었어요. 엄마에게 말씀드리면 혼날 텐데…	212
나를 믿고 돈을 빌려준 친구에게 너무 미안했어요.	240
아무래도 엄마에게 사실대로 말씀드리고 돌려줘야겠어요.	270

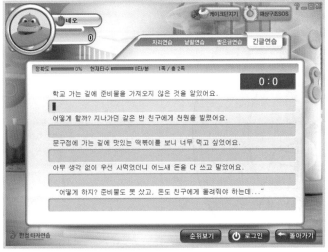

▲ 실습예제

궁금해요

친구들에게 돈이나 물건을 빌렸으면 걱정하지 않게 바로 돌려줘야 해요. 깜빡하고 잊으면 빌려준 친구들은 너무 속상할 거예요. 사람을 믿기 때문에 돈이나 물건을 빌려줄 수 있어요. 부모님이 사용하는 신용카드도 물건을 살 때 우선 사용하고 정해진 날에 갚게 돼요. 친구들에게 무엇인가 급하게 빌렸을 때는 빨리 돌려주어야 해요.

2 이야기 그리기

- 내가 잘못한 것을 알면 아무래도 엄마가 많이 화나시겠죠?
- 엄마의 표정을 밝게 웃는 표정으로 바꿔 보아요.

⊙ 연습파일 : 화난엄마.gif

작업예제

완성예제

그림판에서 화난엄마
그림을 불러온 후 [지우개]
툴과 [연필] 툴로 엄마의 표정을
웃는 표정으로 바꾸고
[색 채우기] 툴로 예쁜색을
골라 채워 보세요.

따라해보세요

- 여러 셀을 하나로 합치는 방법을 알아보아요.
- 셀 데이터의 위치를 바꾸는 방법을 알아보아요.

◉ 연습파일 : 엄마의기분.cell
◎ 완성파일 : 엄마의기분(완성).cell

여러 셀을 하나로 합칠 수 있어요. 셀에 입력된 글자의 위치를 바꾸는 방법을 알아보아요.

	A	B	C	D	E	F
1						
2		엄마가 화가 나셨어요!				
3			목소리가 높아져요			
4		엄마가 화나시면		아빠가 화나시면		
					목소리가 낮아져요 기분이 날아갈 것 같아요	
5		엄마에게 혼나면		엄마에게 칭찬받으면		
6			기분이 가라앉아요			

▲ 완성파일

① 여러 셀을 하나로 만들기 위해 [B2:E2] 셀을 블록 설정하고 [편집] 탭-[셀 서식] 그룹의 [병합하고 가운데 맞춤(▦)]을 클릭해요. 선택한 셀들이 하나로 합쳐지고 자동으로 가운데 정렬이 적용돼요.

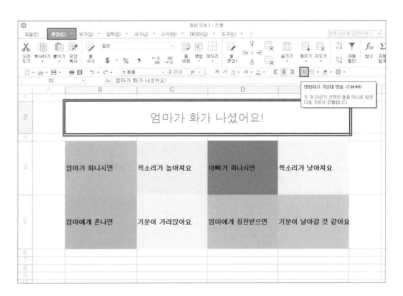

② 셀에 입력된 글자들을 가로 기준으로 가운데 정렬하기 위해 [B4] 셀부터 [E5] 셀까지 드래그하여 선택한 후 [서식] 탭-[맞춤] 그룹에서 '가운데 정렬'을 클릭해요. 셀의 가운데로 글자가 정렬돼요.

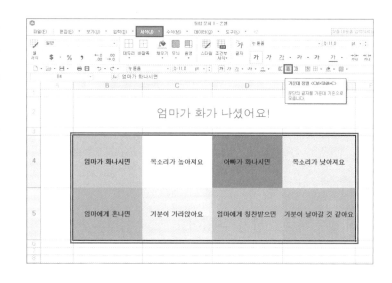

③ 글자의 세로 위치를 바꾸기 위해 [C4] 셀을 선택하고 [서식] 탭-[맞춤] 그룹에서 '위쪽 맞춤'을 선택해요. 선택한 셀의 글자가 셀 윗부분으로 정렬돼요.

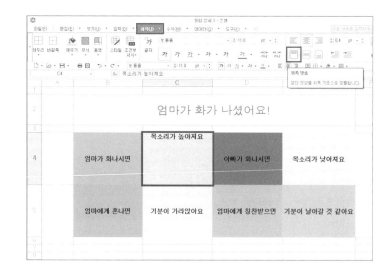

④ 같은 방법을 이용하여 [C5], [E4], [E5] 셀의 글자 위치를 그림과 같이 바꿔 완성해요.

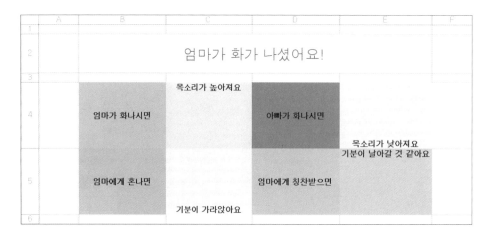

① 시트에 입력된 데이터를 그림과 같이 병합하고 정렬을 바꾸어 완성해 보세요.

⊙ 연습파일 : 친구들의기분.cell
◎ 완성파일 : 친구들의기분(완성).cell

	A	B	C	D	E
1					
2		친구들의 기분은 어떨까?			
3					
4		반	이름	기분	
5		1반	김나리	새 옷을 사서 너무 좋아요	
6		3반	이유영	우울해요	
7		2반	정남수	우산을 잊어버렸어요	
8		1반	박찬미	모르겠어요	
9		3반	고경태	잠을 못자서 피곤해요	
10					

② 시트에 입력된 데이터를 그림과 같이 병합하고 배열하여 완성해 보세요.

⊙ 연습파일 : 달리기평가.cell
◎ 완성파일 : 달리기평가(완성).cell

	A	B	C	D	E	F	G	H
1								
2		1학기 달리기 대회 평가						
3								
4		반	이름	1차	2차	3차	평가	
5		8반	정유림	17초	17초	16초	합격	
6			성안나	18초	16초	17초		
7			박주민	16초	15초	18초		
8			이희민	16초	16초	16초		
9			김경수	18초	17초	15초		
10								

11 쓰지 않는 물건들을 팔아요.

학습
목표

● 우리 집에서 사용하지 않는 물건들을 찾아보아요.
● 알뜰시장에서 팔 수 있는 물건들에 대해 알아보아요.

월	일	타수

에피소드

① 타자연습

- 집에서 오랫동안 사용하지 않는 물건이 있는지 알아보아요.
- 한컴타자연습에서 이야기를 타자로 연습해요.

⊙ 연습파일 : 알뜰시장.txt

	타수
우리 집에는 쓰지 않고 있는 물건들이 많이 있어요.	28
창고 속에 먼지를 뒤집어쓰고 있는 물건들을 찾아봤어요.	59
내가 어렸을 때 타고 놀던 꼬마 자동차가 있었어요.	88
창고 구석에는 한 번 읽고 넣어 놓았던 책들이 쌓여 있었어요.	123
상자를 열어보니 오래된 장난감들도 가득 있었어요.	151
엄마는 쓰지 않는 물건들을 정리해서 알뜰시장에서 팔라고 하세요.	187
깨끗이 먼지를 털고 닦아 꼭 필요한 사람들에게 전해 줄래요.	221
알뜰시장에서 팔아 번 돈으로 내게 필요한 물건도 사 볼래요.	255

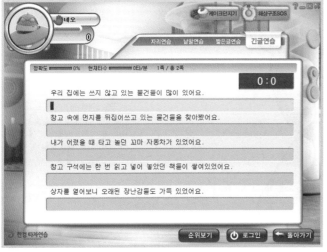

▲ 실습예제

궁금해요

물건을 산 후 자주 사용하지 않게 되면 창고에 그대로 보관하는 경우가 많아요. 어렸을 때 사용하던 장난감이나 몸에 맞지 않게 된 옷들도 있겠죠? 우리가 사용하지 않는 물건들은 필요로 하는 사람들에게 주거나 알뜰시장에서 저렴하게 판매할 수 있어요. 우리 집에는 자주 사용하지 않는 어떤 물건이 있는지 이야기 나누어 보아요.

2 이야기 그리기

- 창고 속에 우리가 어렸을 때 쓰던 장난감들도 많이 있어요.
- 지저분한 먼지를 닦아서 새 장난감으로 만들어 보세요.

⊙ 연습파일 : 창고.gif

작업예제

완성예제

그림판에서 창고 그림을 불러온 후 [지우개] 툴로 먼지를 지우고 [색 채우기] 툴로 예쁜 색을 골라 채워 보세요.

따라해보세요

- 셀 테두리를 적용하는 방법을 알아보아요.
- 선 스타일을 적용하는 방법을 알아보아요.

◉ 연습파일 : 보물찾기.cell
◎ 완성파일 : 보물찾기(완성).cell

셀에 여러 가지 모양의 테두리를 적용할 수 있어요. 테두리의 모양을 바꾸어 입력하는 방법을 알아보아요.

	주방	창고	내 방
집에 숨어있는 보물을 찾아라!			
1	집게	작아진 옷	동화책
2	종이봉투	악기놀이세트	색연필
3	쿠키들	옷걸이	지우개
4		장난감	공책
5			찰흙놀이세트

▲ 완성파일

① 셀에 테두리를 삽입하기 위해 [B4:E9] 셀을 블록 설정한 [서식] 탭-[셀] 그룹의 [테두리(⊞)]를 클릭해서 표시되는 목록에서 '모두 적용'을 선택해요.

② 블록이 설정된 상태에서 바깥 부분에만 굵은 테두리를 적용하기 위해 [서식] 탭-[셀] 그룹의 [테두리(⊞)]를 클릭해서 표시되는 목록에서 '바깥쪽(두꺼운 선)'을 선택해요.

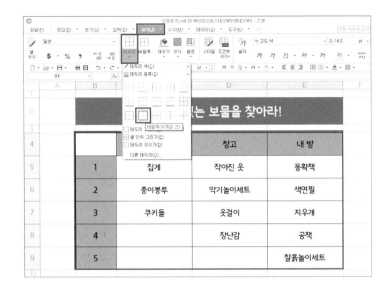

③ 대각선을 입력하기 위해 [B4] 셀을 선택하고 마우스 오른쪽 버튼을 클릭한 후 [셀 서식(🔲)]을 선택해요. [셀 서식] 대화 상자의 [테두리] 탭에서 [종류]를 '실선'으로 선택하고 '오른쪽 아래 대각선' 단추를 클릭한 후 [설정] 단추를 클릭해요.

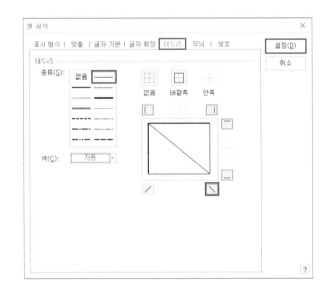

④ 선택한 셀에 대각선이 삽입된 것을 확인할 수 있어요. 같은 방법을 이용하여 그림과 같이 나머지 부분도 대각선을 삽입해요.

		주방	창고	내방
	1	집게	작아진 옷	동화책
	2	종이봉투	악기놀이세트	색연필
	3	쿠키틀	옷걸이	지우개
	4		장난감	공책
	5			찰흙놀이세트

집에 숨어있는 보물을 찾아라!

혼자서 해보기

1 시트에 입력된 데이터를 그림과 같이 테두리를 적용하여 완성해 보세요.

⊙ 연습파일 : 찾은보물.cell
◎ 완성파일 : 찾은보물(완성).cell

	A	B	C	D	E	F	G
1							
2		친구들이 집에서 발견한 보물의 개수					
3							
4			주방	거실	창고	방	
5		김진영	2	2	1	2	
6		박수지	3	4	2	1	
7		조민상	2	3	4	4	
8		유정행	5	2	6	2	
9		박차희	1	4	2	3	
10							

2 시트에 입력된 데이터를 그림과 같이 테두리를 적용하여 완성해 보세요.

⊙ 연습파일 : 알뜰시장.cell
◎ 완성파일 : 알뜰시장(완성).cell

	A	B	C	D	E	F
1						
2		알뜰시장에서 판매할 물건				
3						
4		번호	물건	구입한 가격	알뜰시장에서 팔 가격	
5		1	인형	₩ 10,000	₩ 2,000	
6		1	장난감	₩ 9,000	₩ 1,000	
7		1	동화책	₩ 12,000	₩ 3,000	
8		1	학용품	₩ 8,000	₩ 2,000	
9		1	옷	₩ 15,000	₩ 5,000	
10						

12 저축 통장을 만들어요.

학습
목표
● 통장을 만드는 방법에 대해 알아보아요.
● 은행이 하는 일에 대해 알아보아요.

타자연습

- 은행에서는 어떤 일을 하는지 알아보아요.
- 한컴타자연습에서 이야기를 타자로 연습해요.

⊙ 연습파일 : 통장.txt

	타수
어느 날 아빠가 내 이름이 새겨진 도장을 만들어 주셨어요.	32
여기저기에 도장을 찍어보니 예쁜 내 이름이 보여요.	61
엄마와 함께 저축 통장을 만들러 은행에 갔어요.	88
은행원 누나가 알려주는 대로 신청서에 글자를 쓰고	116
엄마가 주신 돈과 도장을 주었더니 내 통장이 만들어졌어요.	149
내 이름으로 처음으로 만든 통장이 너무 신기했어요.	178
이제 어른들이 주시는 용돈을 조금씩 모아 은행에 저축할래요.	212
통장이 가득 차면 사랑하는 엄마 아빠에게 선물을 하고 싶어요.	247

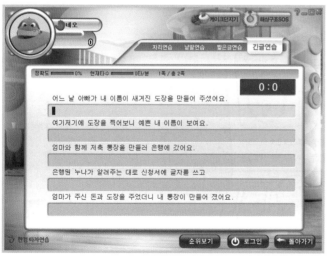

▲ 실습예제

궁금해요

친구들은 용돈을 받으면 어떻게 관리하나요? 지갑에 그대로 넣어 필요할 때 사용하거나 남는 돈은 저금통에 넣는 경우가 많죠? 저금통이 꽉 찼을 때 열어보면 그동안 많이 보인 돈을 보고 놀랄 수 있어요. 어른들은 많은 돈이 생기면 은행에 보관하는데 이를 저축이나 예금이라고 해요. 통장은 은행에 맡긴 돈이 얼마나 되는지 적는 일종의 장부예요.

② 이야기 그리기

- 새로 만드는 통장에는 도장을 꼭 찍어야 해요.
- 비어 있는 통장에 도장 모양을 만들고 자기 이름을 넣어 보세요.

⊙ 연습파일 : 통장.gif

작업예제

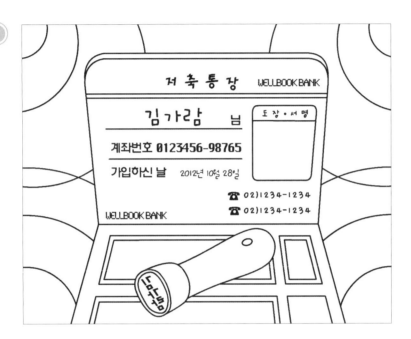

완성예제

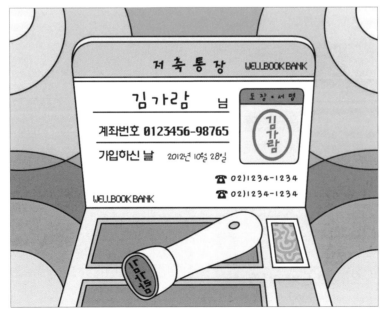

그림판에서 통장 그림을
불러온 후 [타원] 툴로 도형을
만들고 [텍스트] 툴로 글자를
써 보세요. [색 채우기]
툴로 예쁜 색을 골라
채워 보세요.

따라해보세요

3 한셀로 만들어요

- 셀을 삽입하는 방법을 알아보아요.
- 여러 셀에 서식을 복사하는 방법을 알아보아요.

◉ 연습파일 : 용돈통장.cell
◎ 완성파일 : 용돈통장(완성).cell

시트 안에 내용을 추가해야 할 때는 어떻게 해야 할까요? 셀을 삽입하고 다른 셀의 서식을 복사하는 방법을 알아보아요.

	날짜	수입	지출	비고
		가람이의 용돈 통장		
	날짜	수입	지출	비고
	9월 2일	₩ 10,000		
	9월 5일		₩ 5,000	
	9월 7일	₩ 10,000	₩ 2,000	
	9월 11일	₩ 10,000		
	9월 14일		₩ 5,000	
	합계	₩ 30,000	₩ 12,000	

▲ 완성파일

① 미리 입력된 내용 안에 새로운 셀을 삽입하기 위해 [7] 행 머리글을 클릭하여 선택한 후 마우스 오른쪽 버튼을 클릭하여 표시되는 메뉴에서 [삽입]을 클릭해요.

② 그림과 같이 새로운 행이 삽입되면 빈 셀 안에 그림과 같이 내용을 입력해요.

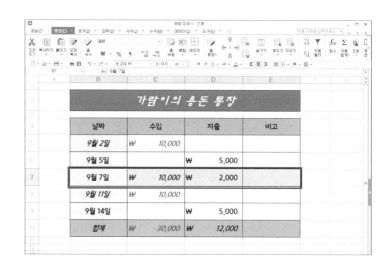

③ [5] 행의 서식을 복사하기 위해 그림과 같이 [B5] 셀부터 [E5] 셀을 블록 설정한 후 [편집] 탭–[클립보드] 그룹에서 [모양 복사]를 선택해요.

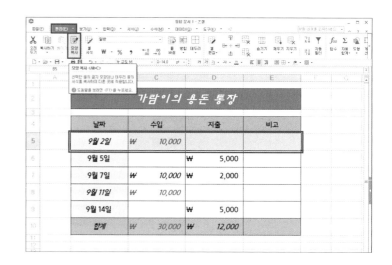

④ 마우스 포인터 모양이 바뀌면 [B7] 셀부터 [E5] 셀까지 드래그하여 복사한 서식을 적용해요.

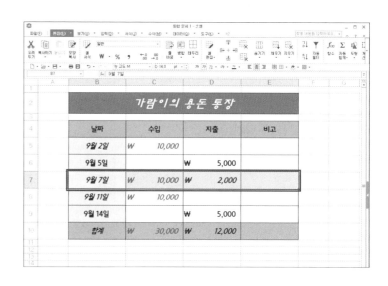

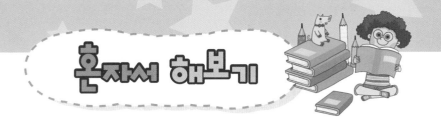

① 시트에 그림과 같이 셀을 추가하고 서식을 복사하여 적용해 보세요.

⊙ 연습파일 : 용돈저금.cell
◎ 완성파일 : 용돈저금(완성).cell

	A	B	C	D	E	F
1						
2		저금통에 차곡차곡 모아요!				
3						
4		날짜	내역	입금할 돈	비고	
5		10월2일	엄마가 주신 용돈	₩ 5,000		
6		10월3일	할아버지 심부름값	₩ 1,000		
7		10월 6일	폐품을 팔아 생긴 돈	₩ 2,000		
8		10월 7일	아빠가 주신 용돈	₩ 3,000		
9		합계		₩ 11,000		
10						

② 시트에 그림과 같이 셀을 삭제하고 서식을 적용하여 완성해 보세요.

⊙ 연습파일 : 꼭사고싶은물건.cell
◎ 완성파일 : 꼭사고싶은물건(완성).cell

	A	B	C	D	E
1					
2		꼭 사고싶은 물건			
3					
4		이름	가격	사고싶은 이유	
5		곰인형	₩ 20,000	밤에 꼭 안고 자고 싶어요	
6		케이크	₩ 12,000	엄마 생일에 선물하고 싶어요	
7		양말	₩ 8,000	구멍난 할아버지 양말을 바꾸어 드리고 싶어요	
8		색연필	₩ 4,000	그리기 연습하는 동생에게 주고 싶어요	
9					

학습
목표
- 종잣돈이란 무엇인지 알아보아요.
- 쿠키 재료를 살 수 있는 돈을 어떻게 마련할 수 있는지 알아보아요.

에피소드
1 타자연습

- 자원을 재활용할 수 있는 폐품에 대해 알아보아요.
- 한컴타자연습에서 이야기를 타자로 연습해요.

◉ 연습파일 : 재료비.txt

	타수
엄마의 가게에서 쿠키를 팔아도 된다는 허락을 받았어요.	30
그런데 엄마는 혼자 힘으로 쿠키를 만들어 보라고 하세요.	62
재료를 사려면 돈이 필요한데 어떻게 해야 할까요?	90
집안에 숨어 있는 빈 병들과 캔들을 찾아 모았어요.	119
못 쓰는 신문지와 종이들을 차곡차곡 챙겨 모았어요.	148
작아져서 입지 못하는 옷들도 하나씩 모았어요.	174
재활용센터에 모아둔 폐품을 팔아서 돈을 받았어요.	202
폐품을 팔아 쿠키를 만들 재료비를 구할 수 있었어요.	232

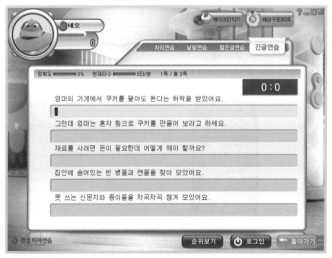

▲ 실습예제

궁금해요

종잣돈이란 재산을 모으는 가장 첫 단계예요. 물건을 만들려면 재료를 사야겠죠? 하지만 돈이 없다면 살 수 없어요. 재료를 사기 위해 필요한 돈을 마련하려면 어떻게 해야 할까요? 이렇게 무엇인가 시작하기 위해 마련하는 돈을 종잣돈이라고 해요. 종잣돈은 자기의 힘으로 만들어야 돈의 소중함도 알고 계획하는 일들도 더 열심히 할 수 있어요.

2 이야기 그리기

- 빈 병들도 여러 가지 모양을 가지고 있어요.
- 여러분들이 생각하는 재미있는 빈 병들의 모양을 그려 완성해 보세요.

⊙ 연습파일 : 병모양.gif

작업예제

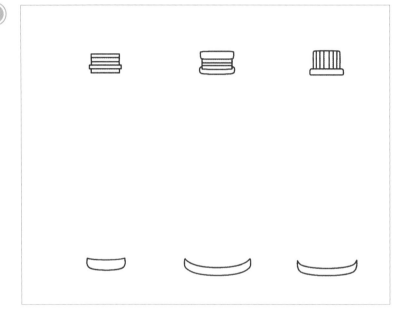

완성예제

그림판에서 병모양
그림을 불러온 후 [연필] 툴로
다양한 병 모양을 그리고
[색 채우기] 툴로 예쁜 색을
골라 채워 보세요.

따라해보세요

3 한셀로 만들어요

- 조건에 맞는 셀에만 서식을 적용하는 방법을 알아보아요.
- 데이터 막대를 삽입하는 방법을 알아보아요.

⊙ 연습파일 : 폐품수집.cell
◎ 완성파일 : 폐품수집(완성).cell

조건부 서식을 이용하면 필요한 데이터를 보기 쉽게 강조할 수 있어요. 조건부 서식을 적용하는 방법에 대해 알아보아요.

	이번주에 모은 폐품			
	빈병(개)	알루미늄캔(개)	폐지(kg)	합계
월요일	8	2	3	13
화요일	4	15	2	21
수요일	6	20	3	29
목요일	10	25	2	37
금요일	12	30	4	46

▲ 완성파일

① 합계가 '20'에서 '30' 사이인 셀에만 서식을 적용하기 위해 [F5:F9] 셀을 블록 설정해요. [서식] 탭-[스타일] 그룹에서 [조건부 서식]을 클릭해요.

② [조건부 서식] 그룹에서 [셀 강조 규칙]-[다음 값의 사이에 있음]을 클릭해요.

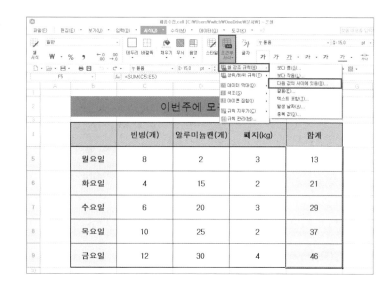

③ [해당 범위] 대화 상자가 표시되면 [다음 값 사이에 있는 셀 서식 지정]을 '20' 그리고 '30'을 입력해요. [적용할 서식]은 '빨강 텍스트'를 선택하고 [확인] 단추를 클릭해요.

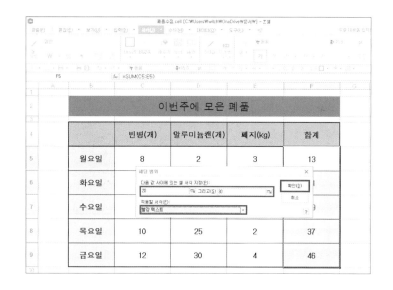

④ 선택한 셀 중에서 값이 '20'에서 '30' 사이에 있는 셀에만 서식을 적용한 것을 확인할 수 있어요.

	빈병(개)	알루미늄캔(개)	폐지(kg)	합계
월요일	8	2	3	13
화요일	4	15	2	21
수요일	6	20	3	29
목요일	10	25	2	37
금요일	12	30	4	46

이번주에 모은 폐품

혼자서 해보기

① 시트에 입력된 데이터 중에서 '90' 이상인 데이터만 '진한 빨강 텍스트가 있는 연한 빨강 채우기' 서식을 적용해 보세요.

⊙ 연습파일 : 폐품점수.cell
◎ 완성파일 : 폐품점수(완성).cell

	A	B	C	D	E	F	G	H
1								
2		반별 폐품 수집 점수						
3								
4			1반	2반	3반	4반	5반	
5		1월	100	90	100	70	70	
6		2월	80	80	90	80	100	
7		3월	60	90	100	90	80	
8		4월	80	70	80	100	80	
9		5월	70	80	90	90	90	
10		6월	90	100	80	80	70	
11								

② 시트에 입력된 데이터 중에서 '총점'이 '260' 이상인 데이터에만 '연한 빨강 채우기' 서식을 적용해 보세요.

⊙ 연습파일 : 미술성적.cell
◎ 완성파일 : 미술성적(완성).cell

	A	B	C	D	E	F	G
1							
2		우리반 친구들의 미술 성적					
3							
4			1반	2반	3반	총점	
5		김가은	100	90	90	280	
6		정아람	90	100	80	270	
7		이희준	90	90	70	250	
8		윤석민	80	80	100	260	
9		장윤서	90	80	90	260	
10		김미라	80	90	80	250	
11							

14 용돈 벌기 대작전

학습 목표
- 심부름으로 용돈을 벌었던 기억들을 떠올려 이야기를 나눠 보아요.
- 부모님을 도울 수 있는 방법에 대해 알아보아요.

에피소드

1 타자연습

- 용돈을 모을 수 있는 방법에 대해 알아보아요.
- 한컴타자연습에서 이야기를 타자로 연습해요.

◉ 연습파일 : 심부름.txt

	타수
엄마의 가게에서 심부름을 하고 용돈도 벌기로 했어요.	29
손님들이 앉는 의자와 테이블을 깨끗하게 정리했어요.	58
바쁜 엄마 대신 손님들이 필요로 하는 것들도 가져다 드렸어요.	93
엄마의 가게에서 사용할 재료를 사러 재료 가게에 갔더니	124
맛있는 쿠키를 만들기 위한 재료들이 한가득 있었어요.	154
"아저씨! 제게도 이 재료들을 저렴하게 파실 수 있나요?"	187
"그럼, 엄마를 도와주는 예쁜 친구에게는 싸게 줘야지?"	219
엄마의 심부름도 하고 좋은 재료도 구할 수 있었어요.	249

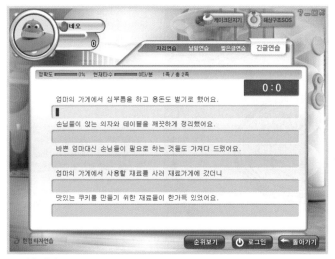

▲ 실습예제

궁금해요

어린 친구들이 용돈을 벌 수 있는 방법은 무엇이 있을까요? 가게를 하는 엄마를 도와주거나 어른들의 심부름, 집안 정리를 도와드린다면 용돈을 얻을 수 있을 거예요. 15세 미만은 가게와 같은 곳에서 돈을 받고 아르바이트를 할 수는 없어요. 그렇기 때문에 주위의 일을 돕거나 폐품을 모아 팔아 저축을 해서 필요한 돈을 모으는 것이 가장 좋아요.

2 이야기 그리기

- 음식을 먹고 난 테이블은 깨끗하게 정리해야 해요.
- 테이블을 깨끗하게 만들어 보세요.

⊙ 연습파일 : 테이블.gif

작업예제

완성예제

그림판에서 테이블 그림을
불러온 후 [색 채우기] 툴로
예쁜 색을 골라 채워 보세요.

따라해보세요

- 워드숍을 삽입하는 방법을 알아보아요.
- 워드숍 스타일을 설정하는 방법을 알아보아요.

⊙ 연습파일 : 해야할일.cell
◎ 완성파일 : 해야할일(완성).cell

제목과 같은 부분은 워드숍을 이용하여 강조하면 좋아요. 워드숍을 삽입하고 스타일을 설정하는 방법을 알아보아요.

순서	시간	내가 해야할 일
		나의 오늘 스케줄
1	9시 30분	엄마 재료 손질 도와드리기
2	10시 10분	가게 청소하기
3	10시 30분	손님 테이블 정리하기
4	11시 10분	물건 전시대 정리하기
5	11시 30분	엄마 재료 사다드리기

▲ 완성파일

① 시트의 비어 있는 윗부분에 워드아트를 삽입하기 위해 [입력] 탭-[개체] 그룹-[워드숍(🖊)]을 클릭하여 표시되는 목록에서 '스타일 3'을 선택해요.

순서	시간	
1	9시 30분	엄마 재료 손질 도와드리기
2	10시 10분	가게 청소하기
3	10시 30분	손님 테이블 정리하기
4	11시 10분	물건 전시대 정리하기
5	11시 30분	엄마 재료 사다드리기

② [워드숍 만들기] 대화 상자가 표시되면 [내용]에 '나의 오늘 스케줄'을 입력해요. [글꼴]은 '맑은 고딕', [크기]는 '24pt', [글꼴 속성]은 '진하게'를 선택해요. [워드숍 모양]을 '역갈매기형 수장'으로 선택하고 [설정] 단추를 클릭해요.

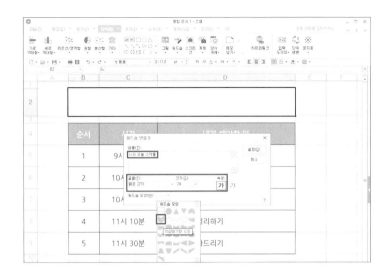

③ 시트에 워드숍이 삽입되면 조절점을 마우스로 드래그하여 크기와 위치를 그림과 같이 조절해요.

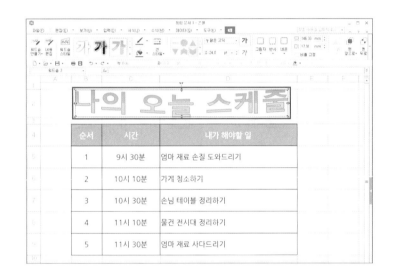

④ 워드숍 스타일을 바꾸기 위해 [워드숍] 탭-[워드숍 스타일]-[네온] 목록에서 '강조 색 1.5pt'를 선택하여 적용해요.

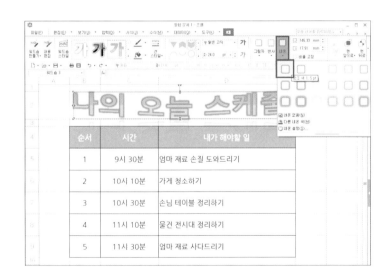

① 시트의 비어있는 윗부분에 워드숍을 삽입하여 그림과 같이 완성해 보세요.
(채우기-스타일 23, 일자형 모양)

⊙ 연습파일 : 받은용돈.cell
◎ 완성파일 : 받은용돈(완성).cell

엄마에게 받은 용돈

날짜	요일	받은 용돈
8월 2일	월요일	3,000원
8월 3일	화요일	4,000원
8월 4일	수요일	3,000원
8월 5일	목요일	2,000원
8월 6일	금요일	3,000원

② 시트의 비어있는 윗부분에 워드숍을 삽입하여 그림과 같이 완성해 보세요.
(채우기-스타일 6, 진달래색 그림자 가운데, 이중 물결 2 모양)

⊙ 연습파일 : 친절사원.cell
◎ 완성파일 : 친절사원(완성).cell

이번주 친절사원

이름	태도점수	인사점수	친절점수	합계	순위
김경수	10	10	9	29	1
정한우	8	8	9	25	5
이지영	10	9	8	27	3
고소윤	9	10	9	28	2
박민지	8	10	8	26	4

학습 목표
- 어떤 쿠키를 만들어야 사람들이 좋아할지 알아보아요.
- 친구들이 물건을 판다면 어떤 것을 만들지 알아보아요.

월	일	타수

맛있는 쿠키를 만들어볼까?

1 타자연습

● 쿠키를 만드는 방법에 대해 알아보아요.
● 한컴타자연습에서 이야기를 타자로 연습해요.

◉ 연습파일 : 쿠키만들기.txt

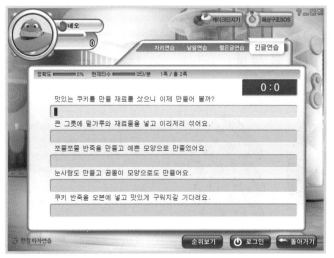

▲ 실습예제

궁금해요

우리나라 속담에 '같은 값이면 다홍치마'라는 말이 있어요. 물건을 살 때 같은 가격이라면 더 예쁜 것을 산다는 말이에요. 사람들에게 팔려는 쿠키를 만들 때 어떻게 해야 잘 팔릴지 고민해야 해요. 모양을 예쁘게 하거나 맛있는 재료들을 넣거나, 다른 사람들보다 크게 만드는 등 사람들의 관심을 가지도록 만들어야 해요. 다른 물건들보다 돋보이게 하는 것을 '차별화'라고 해요.

2 이야기 그리기

- 친구들은 쿠키를 만들어 본 적이 있나요?
- 비어 있는 쿠키 위에 여러 가지 도형을 이용해서 예쁘게 꾸며 보세요.

⊙ 연습파일 : 쿠키.gif

작업예제

완성예제

그림판에서 쿠키 그림을
불러온 후 [텍스트] 툴로
예쁜 모양을 그려 보세요.
[색 채우기] 툴로 예쁜 색을
골라 채워 보세요.

따라해보세요

에피소드 3 한셀로 만들어요

- 도형을 삽입하는 방법을 알아보아요.
- 도형 서식을 설정하는 방법을 알아보아요.

⊙ 연습파일 : 도형쿠키.cell
◎ 완성파일 : 도형쿠키(완성).cell

시트에 도형을 삽입하면 예쁜 문서를 만들 수 있어요. 도형을 이용하여 예쁜 쿠키를 만들어보아요.

▲ 완성파일

① 도형을 삽입하기 위해 [입력] 탭-[개체] 그룹의 '타원'을 선택해요. 마우스 포인터 모양이 바뀌면 시트 위를 드래그하여 원하는 크기의 원을 삽입해요.

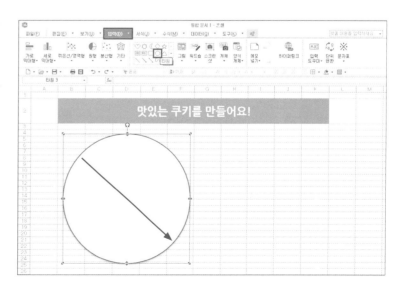

91

② 삽입된 도형의 색을 '채우기-강조 3'으로 설정한 후 [그림자] 그룹-[바깥쪽]의 '대각선 오른쪽 아래' 모양을 선택해요.

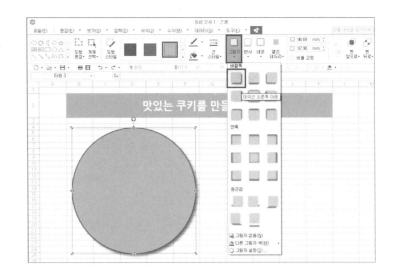

③ 같은 방법을 이용하여 예쁜 도형들을 원 위에 그리고 도형의 색과 그림자 모양을 적용해요.

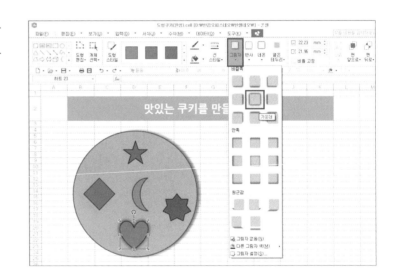

④ Ctrl 을 누른 채 시트에 그린 모든 도형을 선택해요. 다시 Ctrl + Shift 을 누른 채 오른쪽으로 드래그하면 똑같은 도형을 하나 더 복사할 수 있어요.

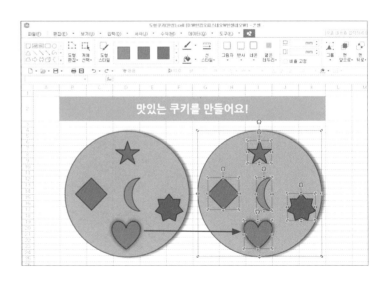

1 시트에 그림과 같이 도형을 이용하여 만들고 글자를 입력해 보세요.

◉ 연습파일 : 쿠키레시피.cell
◎ 완성파일 : 쿠키레시피(완성).cell

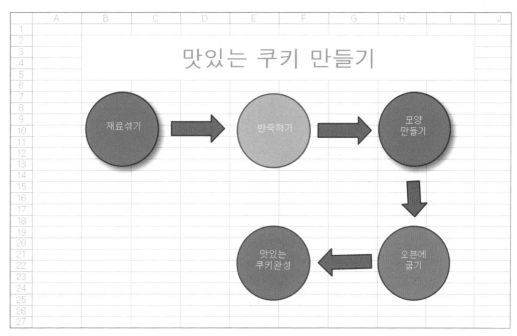

2 시트에 그림과 같이 도형을 이용하여 만들고 글자를 입력해 보세요.

◉ 연습파일 : 쿠키재료.cell
◎ 완성파일 : 쿠키재료(완성).cell

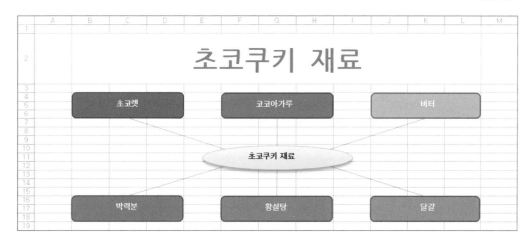

16 얼마나 싸게 팔아야 할까?

학습 목표
● 물건의 가격은 어떻게 정해야 하는지 알아보아요.
● 이익이란 무엇인지 알아보아요.

94

1 타자연습

- 물건의 가격은 어떻게 정해야 하는지 알아보아요.
- 한컴타자연습에서 이야기를 타자로 연습해요.

⊙ 연습파일 : 쿠키가격.txt

	타수
내가 만든 맛있는 쿠키는 얼마에 팔면 좋을까?	25
다른 가게에서 파는 쿠키는 1개에 500원이었어요.	54
그렇다면 내가 만든 맛있는 쿠키는 1개에 400원에 팔래요.	88
3개를 사는 사람들에게는 할인해서 1,000원에 팔래요.	120
예쁘게 포장도 하고 마음껏 맛도 보게 해 줄 거예요.	150
맛있는 재료들을 듬뿍 넣어서 쿠키를 만들 거예요.	178
하루에 30개를 판다면 10,000원을 벌 수 있겠죠?	209
벌은 돈으로 재료들을 더 사서 쿠키를 많이 만들 수 있을 거예요.	246

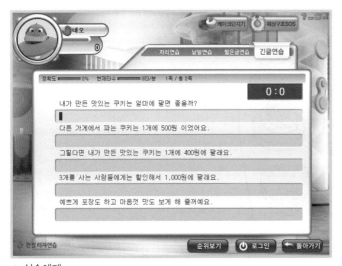

▲ 실습예제

궁금해요

판매할 물건의 가격을 정할 때는 사람들이 비싸다고 생각하지 않도록 정해야 해요. 또한 물건을 만들 때 들어간 재료의 비용과 만드는 사람들의 수고비, 물건의 포장비, 판매하는 장소를 빌리는 비용을 모두 생각하고 판매할 가격을 결정해야 해요. 물건을 판매한 가격에서 만드는 데 들어간 비용을 뺀 것을 '순이익'이라고 해요.

- 비어 있는 봉지 속에 쿠키를 몇 개나 넣을 수 있을까요?
- 친구들이 팔고 싶은 개수만큼 맛있는 쿠키를 넣어 보세요.

⊙ 연습파일 : 쿠키봉지.gif

작업예제

완성예제

그림판에서 쿠키봉지
그림을 불러온 후 [텍스트]
툴로 맛있는 쿠키를 봉지 안에
가득 그려 보세요.
[색 채우기] 툴로 예쁜 색을
골라 채워 보세요.

따라해보세요

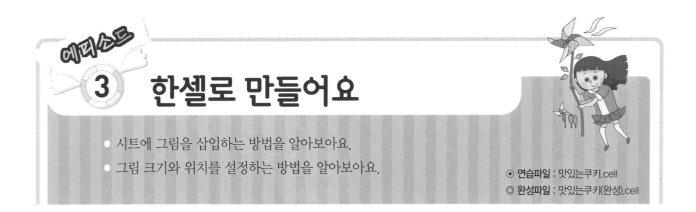

3 한셀로 만들어요

- 시트에 그림을 삽입하는 방법을 알아보아요.
- 그림 크기와 위치를 설정하는 방법을 알아보아요.

⊙ 연습파일 : 맛있는쿠키.cell
◎ 완성파일 : 맛있는쿠키(완성).cell

그림을 삽입하면 시트를 예쁘게 꾸밀 수 있어요. 그림을 시트에 삽입하는 방법을 알아보아요.

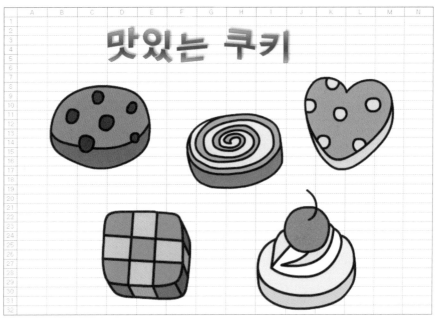

▲ 완성파일

① 시트에 그림을 삽입하기 위해 [입력] 탭-[그림] 그룹-[그림(🖼️)]을 클릭해요. [그림 넣기] 대화 상자가 표시되면 가져올 그림을 선택하고 [넣기] 단추를 클릭해요.

② 선택한 그림이 시트에 삽입되면 마우스로 클릭하여 표시되는 조절점을 드래그하여 크기를 조절하고 위치를 이동해요.

③ [그림] 탭-[효과] 그룹에서 그림을 회색조나 흑백, 밝기와 대비를 조절할 수 있어요.

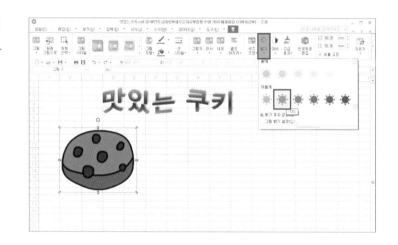

④ 같은 방법을 이용하여 그림들을 가져와 시트에 배치해 예쁘게 꾸며 완성해요.

1 비어있는 쟁반에 친구들이 좋아하는 요리 그림을 가져와 삽입해 보세요.

◉ 연습파일 : 쿠키쟁반.cell
◎ 완성파일 : 쿠키쟁반(완성).cell

2 광고지에 예쁜 그림들을 가져와 삽입해서 완성해 보세요.

◉ 연습파일 : 광고지.cell
◎ 완성파일 : 광고지(완성).cell

17 왜 쿠키가 팔리지 않을까?

학습 목표
- 팔리지 않는 물건을 잘 팔리게 하는 방법을 알아보아요.
- 친구들과 어떻게 쿠키를 잘 팔리게 할지 이야기를 나누어요.

아메리카노 3,000
카페라떼 3,500
바닐라라떼 3,500
카페모카 3,500

팥빙수 6,000
♥ 오렌지주스 5,000
♥♥ 녹차 4,000
홍차 4,000

월	일	타수

예전보다 더 맛있어진 쿠키를 사세요!

아메리카노
3,000
카페라떼
♥ 3,500
녹차라떼
♥ 3,500

3,000 3,000 3,000 3,000

3,000 3,000 3,000 3,000

집에서 만든 쿠키

초코레스쿠키

딸기잼쿠키

100

1 타자연습

- 사람들에게 쿠키가 더 맛있어졌다는 것을 알려주려면 어떻게 해야 할까요?
- 한컴타자연습에서 이야기를 타자로 연습해요.

⊙ **연습파일 : 쿠키장식.txt**

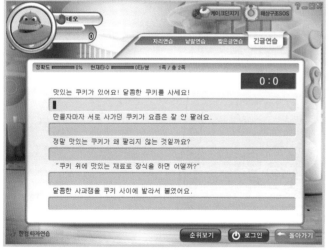

▲ 실습예제

궁금해요

많은 사람들이 쿠키를 한 번씩 사고 나면 다시 사는 경우도 있지만 한 번 맛보았기 때문에 더이상 사지 않을 수도 있어요. 이렇게 물건이 잘 팔리지 않는 시기를 '정체기'라고 해요. 이럴 때에는 쿠키를 더 저렴하게 팔거나 새로운 쿠키를 만들어 내야 해요. 광고를 통해 아직 맛보지 않은 사람들에게 알리며 홍보하는 것도 도움이 돼요.

2 이야기 그리기

- 쿠키가 잘 팔릴 수 있도록 여러 가지 모양으로 만들어 봐요.
- 비어 있는 쟁반에 재미있게 생긴 쿠키를 가득 그려 보아요.

⊙ 연습파일 : 새로운쿠키.gif

작업예제

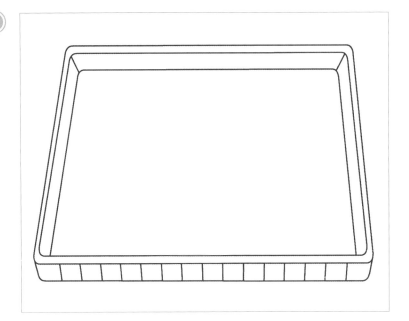

완성예제

그림판에서 새로운쿠키 그림을 불러온 후 [텍스트] 툴을 이용하여 비어 있는 쟁반에 재미있는 모양의 쿠키를 그려 봐요. [색 채우기] 툴로 예쁜 색을 골라 채워 보세요.

따라해보세요

- 셀에 메모를 삽입하는 방법을 알아보아요.
- 메모 옵션을 설정하는 방법을 알아보아요.

◉ **연습파일** : 쿠키판매.cell
◎ **완성파일** : 쿠키판매(완성).cell

셀에 메모를 삽입하면 셀에 입력된 데이터의 내용을 쉽게 이해할 수 있어요. 메모를 삽입하고 옵션을 설정하는 방법을 알아보아요.

이번 주 쿠키 판매 현황

요일	초코쿠기	땅콩쿠키	딸기쿠키	합계
월요일	10	20	15	45
화요일	15	15	20	50
수요일	10	15	15	40
목요일	20	20	25	65
금요일	10	10	15	35
토요일	10	15	10	35
일요일	15	20	15	50
합계				320

8월 첫번째 주 쿠키 판매량

▲ 완성파일

① 셀에 메모를 삽입하기 위해 [F12] 셀을 선택하고 [입력] 탭-[참고] 그룹에서 '메모 넣기(▭)'를 클릭해요.

이번 주 쿠키 판매 현황

요일	초코쿠기	땅콩쿠키	딸기쿠키	합계
월요일	10	20	15	45
화요일	15	15	20	50
수요일	10	15	15	40
목요일	20	20	25	65
금요일	10	10	15	35
토요일	10	15	10	35
일요일	15	20	15	50
합계				320

② 노란색 메모가 삽입되면 메모 안에 그림과 같이 글자를 입력해요.(8월 첫번째 주 쿠키 판매량)

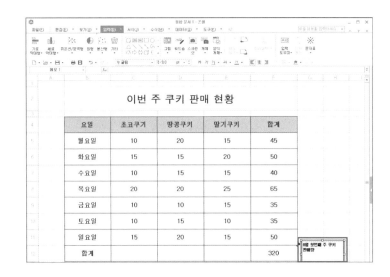

③ 다른 셀을 선택하면 메모가 사라지게 돼요. 계속 표시하기 위해 메모가 삽입된 [F12] 셀 위에서 마우스 오른쪽 버튼을 클릭하여 표시되는 메뉴에서 '메모 표시'를 선택해요.

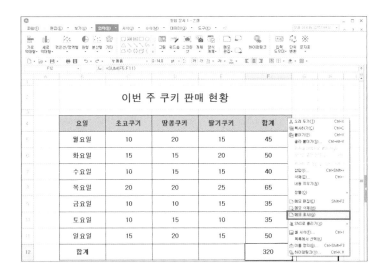

④ 메모를 드래그하여 위치를 이동하면 셀과 연결된 화살표가 계속 이어진 것을 확인할 수 있어요. 메모 안의 글꼴 서식을 변경해서 완성해요.

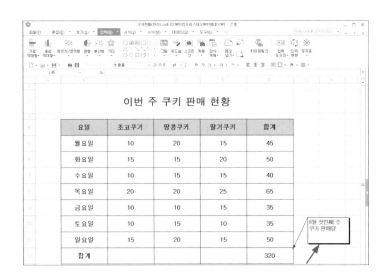

① 그림과 같이 셀에 메모를 삽입하고 내용을 입력해 보세요.

⊙ 연습파일 : 비밀레시피.cell
◎ 완성파일 : 비밀레시피(완성).cell

	A	B	C	D	E	F	G	H	I
1									
2		맛있는 쿠키를 만들기 위한 비밀 레시피							
3									
4			초코칩	설탕	버터	코코아가루	박력분	달걀	
5		초코칩쿠키	100g	80g	110g	20g	150g	50g	
6									
7									
8				많이 널으면		맛있는 냄새가			
9				더 달콤해져요!		나도록 도와줘요!			
10									
11									
12									

② 그림과 같이 셀에 메모를 삽입하고 내용을 입력해 보세요.

⊙ 연습파일 : 쿠키세일.cell
◎ 완성파일 : 쿠키세일(완성).cell

	A	B	C	D	E	F	G
1							
2		쿠키 세일 가격					
3							
4		쿠키이름	판매가격	세일가격			
5		초코쿠키	600원	500원	한달동안 세일		
6		딸기쿠키	600원	500원			
7		땅콩쿠키	600원	500원			
8		버터쿠키	500원	400원			
9							

18 투자를 했더니 더 많이 벌었어요.

월	일	타수

106

에피소드

1 타자연습

- 친구들과 함께 만들어 팔 수 있는 물건에 대해 알아보아요.
- 한컴타자연습에서 이야기를 타자로 연습해요.

◉ 연습파일 : 재료비.txt

	타수
내가 만든 쿠키는 우리 동네에서 가장 유명해요.	26
쿠키를 팔아 생각보다 많은 돈을 벌 수 있었어요.	54
친구들도 초콜릿을 팔고 싶은데 재료비가 없다고 해요.	84
쿠키를 팔아서 번 돈으로 친구들에게 재료를 사 주었어요.	116
대신 만든 초콜릿의 절반을 재료비 대신 주기로 했어요.	147
친구들이 만든 초콜릿을 쿠키와 함께 팔았더니 더 잘 팔렸어요.	182
친구들은 초콜릿을 팔 수 있어서 좋았고	204
나는 쿠키를 더 많이 팔 수 있어서 좋았어요.	230

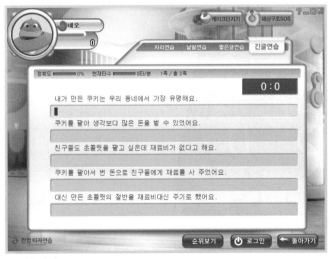

▲ 실습예제

궁금해요

좋은 아이디어가 있는데 돈이 없다면 아무것도 할 수 없겠죠? 투자란 이익을 얻기 위해 다른 사람에게 돈을 빌려주거나 일을 도와주는 것을 말해요. 투자를 할 때에는 과연 이 일이 성장할 수 있는 것인지 잘 알아보고 결정해야 해요. 투자를 하면 이익이 날 수도 있지만 반대로 손해를 볼 수도 있기 때문이에요. 부모님들이 하시는 주식이나 펀드도 일종의 투자에요.

2 이야기 그리기

- 사랑하는 엄마에게 초콜릿을 선물해요.
- 초콜릿 위에 글자를 넣어서 완성해 보세요.

⊙ 연습파일 : 초콜릿.gif

작업예제

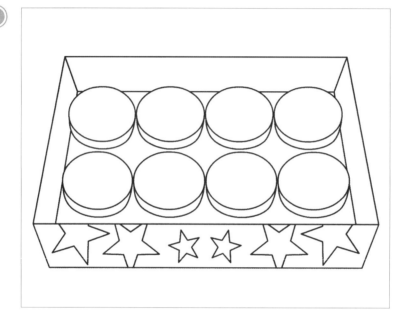

완성예제

그림판에서 초콜릿
그림을 불러온 후 [텍스트]
툴로 엄마에게 하고 싶은 말을
넣어 보세요. [색 채우기] 툴로
예쁜 색을 골라 채워 보세요.

따라해보세요

- 틀을 이용하여 셀을 고정하는 방법을 알아보아요.
- 첫 행과 열은 고정하는 방법을 알아보아요.

◎ 연습파일 : 판매금액.cell
◎ 완성파일 : 판매금액(완성).cell

시트에 데이터가 많으면 한눈에 보기 어려울 수 있어요. 많은 데이터를 쉽게 볼 수 있는 틀 고정에 대해 알아보아요.

	A	B	C	D		E		F
1	날짜	만든 개수	팔린 개수	가격		합계		
19	9월 18일	30	25	₩	500	₩	12,500	
20	9월 19일	40	34	₩	500	₩	17,000	
21	9월 20일	25	20	₩	500	₩	10,000	
22	9월 21일	30	25	₩	500	₩	12,500	
23	9월 22일	20	18	₩	500	₩	9,000	
24	9월 23일	30	25	₩	500	₩	12,500	
25	9월 24일	40	34	₩	500	₩	17,000	
26	9월 25일	25	20	₩	500	₩	10,000	
27	9월 26일	30	25	₩	500	₩	12,500	
28	9월 27일	20	18	₩	500	₩	9,000	
29	9월 28일	30	25	₩	500	₩	12,500	
30	9월 29일	40	34	₩	500	₩	17,000	
31	9월 30일	25	20	₩	500	₩	10,000	
32								

▲ 완성파일

① 첫 번째 행을 고정하기 위해 [A1] 셀을 선택한 후 [보기] 탭-[화면] 그룹-[틀 고정]에서 '첫 행 고정'을 선택해요.

② 세로 스크롤바를 움직이면 첫 번째 행
은 고정되고 나머지 데이터만 움직이
는 것을 확인할 수 있어요.

③ 첫 번째 열을 고정하기 위해 [보기]
탭-[화면] 그룹-[틀 고정]에서 '첫 열
고정'을 선택해요. 가로 스크롤바를
움직여서 고정되었는지 확인해요.

④ [보기] 탭-[화면] 그룹-[틀 고정]에서
'틀 고정 해제'를 선택하면 고정된 틀
을 없앨 수 있어요.

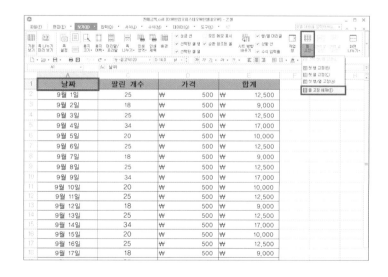

혼자서 해보기

① 첫 번째 열을 고정해서 그림과 같이 데이터가 표시되도록 만들어보세요.

◉ 연습파일 : 월별판매.cell
◎ 완성파일 : 월별판매(완성).cell

	A	H	I	J	K	L	M	
1	월	7월	8월	9월	10월	11월	12월	
2	가격	₩ 500	₩ 500	₩ 600	₩ 600	₩ 600	₩ 600	
3	딸기쿠키	250개	300개	250개	250개	200개	300개	
4	땅콩쿠키	250개	350개	300개	250개	200개	300개	
5	버터쿠키	300개	250개	250개	250개	200개	300개	
6	판매금액	₩ 400,000	₩ 450,000	₩ 480,000	₩ 450,000	₩ 360,000	₩ 540,000	
7								

② 첫 번째 행을 고정해서 그림과 같이 데이터가 표시되도록 만들어보세요.

◉ 연습파일 : 쿠키선호도.cell
◎ 완성파일 : 쿠키선호도(완성).cell

	A	B	C	D	E	
1	이름	맛	모양	가격	품질	
14	고영환	★	☆	★	☆	
15	주다혜	★	☆	★	★	
16	김경주	★	★	☆	★	
17	박은아	★	☆	★	☆	
18	서혜민	★	★	☆	★	
19	박주민	★	★	☆	★	
20						

월	일	타수

1 타자연습

- 저금통에 동전을 모아봤던 기억을 친구들과 이야기 나누어요.
- 한컴타자연습에서 이야기를 타자로 연습해요.

◉ 연습파일 : 저금통.txt

	타수
주머니 속 동전들을 저금통에 넣어요.	20
하나둘 넣다 보니 어느새 저금통이 무거워졌어요.	47
저금통이 꽉 차면 무엇을 할까?	65
친구들과 놀러 갈까? 재미있는 장난감을 살까?	91
저금통이 무거워질수록 내 기분은 즐거워져요.	116
동전들을 하나 둘 모았더니 큰돈이 되었어요.	141
어른이 되어도 저축하면 많은 돈을 모을 수 있겠죠?	170
나도 어른이 되면 부자가 되고 싶어요.	192

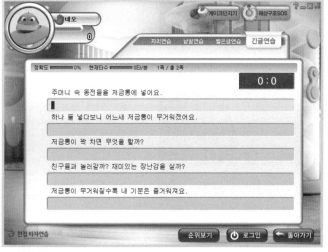

▲ 실습예제

궁금해요

큰돈을 모으려면 어렸을 때부터 조금씩 모으는 습관을 갖는 것이 중요해요. 누구나 집에 저금통이 하나씩은 있을 거예요. 저금통에 처음 동전을 모을 땐 언제 가득 채우나 걱정이 되겠지만 꾸준히 모으다 보면 어느 순간 저금통이 꽉 차게 되고 언제 이렇게 모았나 뿌듯할 거예요. 저금통에 가득 모은 돈을 어떻게 쓰고 싶나요? 친구들과 이야기를 나누어 보아요.

2 이야기 그리기

- 친구들은 저금통이 가득 차면 무엇을 하고 싶나요?
- 돼지 저금통도 동전이 가득 차면 기분이 좋겠죠? 웃고 있는 돼지 저금통의 얼굴을 그려 보세요.

⊙ 연습파일 : 저금통.gif

작업예제

완성예제

그림판에서 저금통 그림을 불러온 후 [지우개] 툴과 [브러시] 툴로 웃고 있는 돼지 저금통의 얼굴을 그려 보세요. [색 채우기] 툴로 예쁜 색을 골라 채워 보세요.

따라해보세요

- 필터를 설정하는 방법을 알아보아요.
- 필요한 데이터만 필터링하는 방법을 알아보아요.

◉ 연습파일 : 저금통.cell
◎ 완성파일 : 저금통(완성).cell

필요한 데이터만 따로 보고 싶을 때는 어떻게 해야 할까요? 필터를 이용해서 원하는 데이터만 보는 방법을 알아보아요.

	A	B	C	D
1				
2		저금통을 가득 채워봐요!		
3				
4		날짜	요일	넣은 금액
5		10월 1일	월요일	100원
6		10월 2일	화요일	200원
7		10월 3일	수요일	500원
12		10월 8일	월요일	200원
13		10월 9일	화요일	500원
14		10월 10일	수요일	500원
15				

▲ 완성파일

① 필터를 적용하기 위해 [B4] 셀을 선택하고 [데이터] 탭-[정렬 및 필터] 그룹에서 [자동 필터(▼)]를 클릭해요.

② 표 데이터의 열 머리글에 필터 아이콘이 삽입돼요. [D4] 셀의 필터 아이콘을 클릭하고 '500원'만 선택하고 [설정] 단추를 클릭해요.

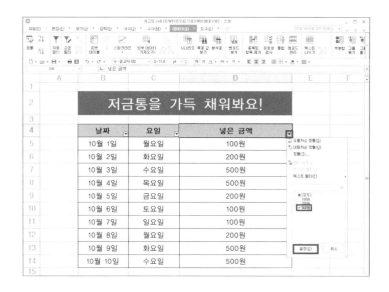

③ '넣은 금액'이 '500원'인 데이터만 표시돼요. 필터를 해제하려면 다시 필터 아이콘을 클릭하고 '필터 해제'를 선택해요.

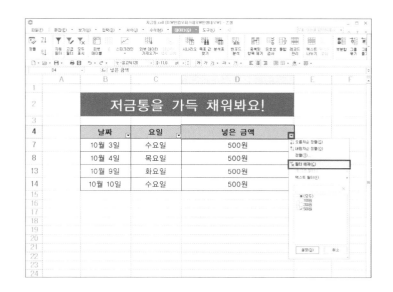

④ 같은 방법을 이용해서 그림과 같이 월요일부터 수요일까지 넣은 금액이 표시되도록 필터를 적용해요.

① 필터를 이용하여 그림과 같이 완성도가 100인 데이터만 표시되도록 만들어보세요.

연습파일 : 요리경연.cell
완성파일 : 요리경연(완성).cell

	A	B	C	D	E	F	G
1							
2			조별 요리 경연대회				
3							
4		조 ▼	완성도 ▼	심사위원점수 ▼	합계점수 ▼	순위 ▼	
5		1조	100	100	200	1등	
6		2조	100	98	198	2등	
7		3조	100	90	190	3등	
12		8조	100	80	180	5등	
14		10조	100	80	180	5등	
15							

② 필터를 이용하여 그림과 같이 데이터가 표시되도록 만들어보세요.

연습파일 : 판매수량.cell
완성파일 : 판매수량(완성).cell

	A	B	C	D	E	F
1						
2			월별 판매수량			
3						
4		월 ▼	쿠키 ▼	초콜렛 ▼	합계 ▼	
5		1월	100개	50개	150개	
7		3월	200개	70개	270개	
9		5월	300개	60개	360개	
11		7월	250개	30개	280개	
12						

① 타자연습

- 우리 주변에서 용돈을 벌 수 있는 방법을 알아보아요.
- 한컴타자연습에서 이야기를 타자로 연습해요.

◉ 연습파일 : 용돈.txt

	타수
쿠키를 팔아봤더니 돈을 버는 것이 쉬운 일이 아니었어요.	31
그래서 생활 속에서 돈을 벌 수 있는 것들을 찾아봤어요.	63
아빠의 구두를 깨끗하게 닦아드렸더니 용돈을 주셨어요.	93
엄마의 가게에서 한 시간씩 도와드렸더니 용돈을 주셨어요.	125
가게에서 나오는 폐품들을 모아 팔아서 돈을 받았어요.	155
여기저기 둘러보니 돈을 벌 수 있는 것들이 많았어요.	185
돈을 버는 것도 재미있었지만 쉬운 일은 아니에요.	213
지금은 공부를 열심히 하는 것이 가장 중요한 것 같아요.	245

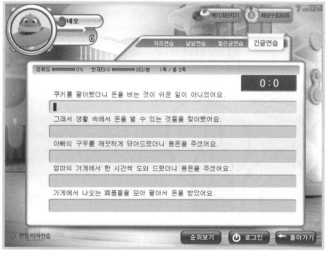

▲ 실습예제

궁금해요

용돈이란 우리가 생활을 하면서 여러 목적으로 사용하는 돈을 말해요. 대부분의 친구들은 부모님께 용돈을 받죠? 용돈을 잘 관리하려면 꼭 필요한 곳에 쓰기 위해 계획을 하고 용돈을 쓰고 난 후에는 사용한 돈과 남은 돈을 용돈 기입장에 적어서 관리하는 것이 좋아요. 친구들은 부모님께 어떻게 용돈을 받고 쓰는지 이야기 나누어요.

2 이야기 그리기

- 우리 주변에서 찾을 수 있는 폐품에는 어떤 것이 있을까요?
- 예쁘게 색을 칠해 완성하고 재사용할 수 있는 폐품은 동그라미로 선택해 보세요.

⊙ 연습파일 : 폐품.gif

작업예제

완성예제

그림판에서 폐품 그림을
불러온 후 [색 채우기] 툴로
예쁜 색을 골라 채우고
[브러시] 툴로 동그라미를
표시해 보세요.

따라해보세요

한셀로 만들어요

- 데이터를 정렬하는 방법을 알아보아요.
- 오름차순과 내림차순 정렬에 대해 알아보아요.

◉ 연습파일 : 폐품.cell
◎ 완성파일 : 폐품(완성).cell

많은 데이터를 정리할 때는 정렬 기능을 이용하면 편리해요. 큰 순과 작은 순으로 정렬하는 방법을 알아보아요.

날짜	빈 병	빈 캔	폐지
우리 동네에서 찾은 폐품들			
날짜	빈 병	빈 캔	폐지
7월 3일	25	26	24
7월 4일	22	20	28
7월 8일	21	16	19
7월 2일	20	24	22
7월 7일	19	17	21
7월 6일	18	19	31
7월 5일	16	22	30
7월 9일	14	32	16
7월 10일	13	30	25
7월 1일	10	25	20

▲ 완성파일

① 데이터를 정렬하기 위해 [B4] 셀을 선택하고 [데이터] 탭-[정렬 및 필터] 그룹에서 [정렬(🔽)]을 클릭해요.

날짜	빈 병	빈 캔	폐지
우리 동네에서 찾은 폐품들			
날짜	빈 병	빈 캔	폐지
7월 1일	10	25	20
7월 2일	20	24	22
7월 3일	25	26	24
7월 4일	22	20	28
7월 5일	16	22	30
7월 6일	18	19	31
7월 7일	19	17	21
7월 8일	21	16	19
7월 9일	14	32	16
7월 10일	13	30	25

② [정렬] 대화 상자가 표시되면 [정렬 방향]은 '위쪽에서 아래쪽', [정렬 설정]은 '첫 행/열 머리글로 사용'을 선택한 후 [정렬 기준]의 [기준 1]을 '빈 병', '오름차순'으로 설정한 후 [실행] 단추를 클릭해요.

③ 빈 병의 개수가 작은 순서부터 큰 순서로 정렬된 것을 확인할 수 있어요.

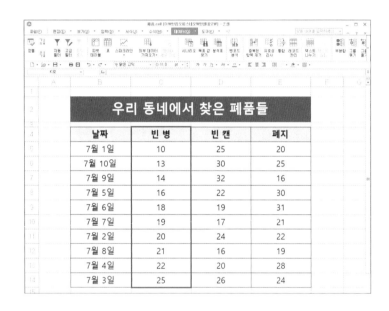

날짜	빈 병	빈 캔	폐지
7월 1일	10	25	20
7월 10일	13	30	25
7월 9일	14	32	16
7월 5일	16	22	30
7월 6일	18	19	31
7월 7일	19	17	21
7월 2일	20	24	22
7월 8일	21	16	19
7월 4일	22	20	28
7월 3일	25	26	24

④ 다시 같은 방법을 이용하여 [정렬] 대화 상자를 표시하고 [정렬 기준]의 [기준 1]을 '빈 병', '내림차순'으로 설정한 후 [실행] 단추를 클릭하면 큰 순서에서 작은 순서로 정렬할 수 있어요.

날짜			폐지
7월 3일			24
7월 4일			28
7월 8일			19
7월 2일			22
7월 7일			21
7월 6일			31
7월 5일	16	22	30
7월 9일	14	32	16
7월 10일	13	30	25
7월 1일	10	25	20

1 데이터를 정렬하여 그림과 같이 만들어보세요.

◉ 연습파일 : 용돈저축.cell
◎ 완성파일 : 용돈저축(완성).cell

	A	B	C	D	E
1					
2		용돈을 저축해요!			
3					
4		요일	받은 용돈	저축한 용돈	
5		월요일	₩ 2,000	₩ 1,000	
6		화요일	₩ 2,000	₩ 1,000	
7		토요일	₩ 2,000	₩ 1,000	
8		목요일	₩ 1,000	₩ 500	
9		금요일	₩ 1,000	₩ 500	
10		일요일	₩ 2,000	₩ 500	
11		수요일	₩ 1,000	₩ 200	
12					

2 데이터를 정렬하여 그림과 같이 만들어보세요.

◉ 연습파일 : 우리반폐품.cell
◎ 완성파일 : 우리반폐품(완성).cell

	A	B	C	D	E	F	G
1							
2		우리반 친구들이 모은 폐품					
3							
4		이름	빈 병	빈 캔	폐지	합계	
5		양희재	22	21	24	67	
6		박상효	20	24	20	64	
7		정민서	15	25	18	58	
8		정유미	17	16	21	54	
9		김아름	16	19	19	54	
10		진성희	15	22	16	53	
11		김유성	10	20	15	45	
12							

학습
목표

● 현명한 투자는 어떻게 해야 하는지 알아보아요.
● 우리가 투자할 수 있는 것은 어떤 것이 있는지 알아보아요.

월	일	타수

맛있는 사과가
가득 열렸어요.

에피소드

1 타자연습

● 사과가 가득 열리면 어떻게 하고 싶은지 이야기를 나누어요.
● 한컴타자연습에서 이야기를 타자로 연습해요.

⊙ 연습파일 : 사과나무.txt

	타수
동네에 있는 꽃집에서 작은 꼬마 사과나무를 샀어요.	28
엄마 아빠와 뒷동산에 올라가 흙을 파고 나무를 심었어요.	60
물을 주고 시간이 지났더니 나무가 쑥쑥 자랐어요.	88
"얼른 자라서 맛있는 사과를 열매 맺으렴!"	113
맛있는 사과가 가득 열리면 동네 사람들에게 팔 거예요.	144
사과를 팔아 번 돈으로 많은 꼬마 사과나무를 사서 심을래요.	178
내가 어른이 되면 뒷동산에 사과나무가 가득하겠죠?	206
맛있는 열매가 가득한 사과나무를 생각하면 기분이 좋아요.	238

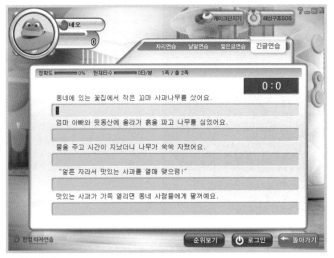

▲ 실습예제

궁금해요

투자란 이익을 내기 위해 돈이나 시간, 정성을 쏟는 것을 말해요. 용돈을 모아 재료를 사고 시간을 내서 물건을 만들어 팔아 이익을 남기는 것도 투자가 돼요. 대부분 돈을 벌기 위한 목적으로 투자하는 경우가 많지만, 노는 시간을 줄이고 공부하는 시간을 늘리는 것도 투자라고 할 수 있어요. 우리들의 좋은 미래를 위해 투자할 수 있는 것은 무엇이 있는지 친구들과 알아보아요.

2 이야기 그리기

- 꼬마 사과나무가 얼른 자라서 맛있는 사과를 주면 좋겠죠?
- 비어 있는 나무에 사과를 가득 그려 보세요.

⊙ 연습파일 : 사과.gif

작업예제

완성예제

그림판에서 사과 그림을
불러온 후 [브러시] 툴로
사과를 그리고 [색 채우기]
툴로 예쁜 색을 골라
채워 보세요.

따라해보세요

3 한셀로 만들어요

- 수식을 이용하여 계산하는 방법을 알아보아요.
- 수식을 복사하는 방법을 알아보아요.

⊙ 연습파일 : 가을과일.cell
◎ 완성파일 : 가을과일(완성).cell

수식을 이용하면 어려운 계산을 쉽게 할 수 있어요. 수식을 이용하여 계산식을 만드는 방법을 알아보아요.

가을에 수확한 맛있는 과일

	배	사과	감	합계
영동과수원	300	400	500	1200
수원과수원	400	350	400	1150
정읍과수원	500	550	300	1350
홍성과수원	250	200	250	700
합계	1450	1500	1450	

▲ 완성파일

① 과수원에서 수확한 과일의 합계를 구하기 위해 [F5] 셀에 '=C5+D5 +E5'를 입력하고 Enter 를 눌러요.

② 자동으로 영동과수원의 배, 사과, 감의 개수를 더한 합계가 표시돼요. [F5] 셀 오른쪽 아래의 채우기 핸들을 [F8] 셀까지 드래그하면 자동으로 계산식이 바뀌면서 합계를 구해줘요.

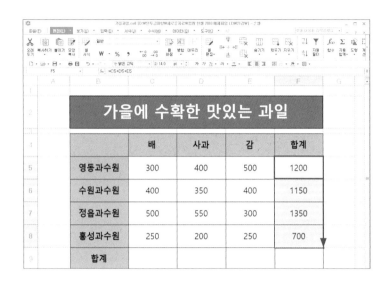

③ 과일의 합계를 구하기 위해 [C9] 셀에 '=C5+C6+C7+C8'을 입력하고 [Enter]를 눌러요.

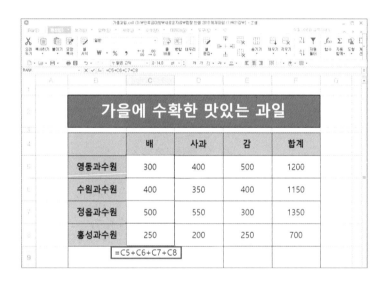

④ 자동으로 배의 개수를 모두 더해서 합계를 구해요. [C9] 셀 오른쪽의 채우기 핸들을 [E9] 셀까지 드래그하면 자동으로 계산식이 바뀌면서 합계를 구해줘요.

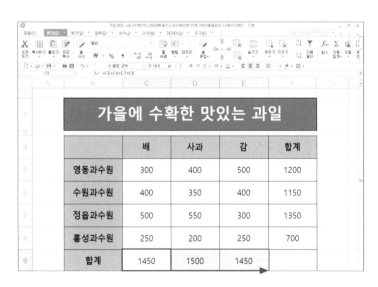

혼자서 해보기

1 계산식을 이용하여 음악과 체육 점수의 합계를 구해 보세요.

⊙ 연습파일 : 실기점수.cell
◎ 완성파일 : 실기점수(완성).cell

	A	B	C	D	E	F	G
1							
2		반별 실기시험 점수표					
3							
4		반	음악	미술	체육	음악과 체육의 합계	
5		1반	80	100	80	160	
6		2반	90	95	75	165	
7		3반	85	80	90	175	
8		4반	90	90	95	185	
9		5반	100	100	80	180	
10							

2 계산식을 이용하여 남자와 여자의 방문자 합계를 구해 보세요.

⊙ 연습파일 : 방문자수.cell
◎ 완성파일 : 방문자수(완성).cell

	A	B	C	D	E	F
1						
2		체험학습장 방문자 수				
3						
4		장소	남자	여자	합계	
5		어린이박물관	55	72	127	
6		교통박물관	60	84	144	
7		캐니빌리지	65	56	121	
8		달동네박물관	70	76	146	
9						

22 다른 나라와 무역을 해요.

월	일	타수

사막은 낮과 밤의
날씨가 너무 달라!

1 타자연습

- 더운 나라에서 필요한 물건들은 무엇이 있을까요?
- 한컴타자연습에서 이야기를 타자로 연습해요.

⊙ 연습파일 : 사막무역.txt

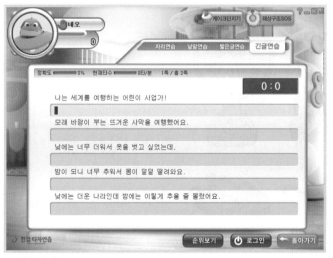

▲ 실습예제

궁금해요

다른 나라와 물건을 사고파는 것을 무역이라고 해요. 세계에는 수많은 나라와 사람들이 있어요. 다른 나라에서 필요한 물건을 팔고 그 나라의 좋은 물건을 우리나라로 가져와 팔면 이윤을 남길 수 있어요. 각 나라가 물건을 이동할 때에는 세금을 내게 되는데, 이런 세금을 낮춰 무역을 쉽게 하도록 맺는 약속을 자유무역협정(FTA)이라고 해요.

2 이야기 그리기

- 더운 사막에서 생활하려면 어떤 물건들이 필요할까요?
- 물건에 색을 채우고 왜 필요한지 이야기를 나누어 보아요.

⊙ 연습파일 : 사막생활.gif

작업예제

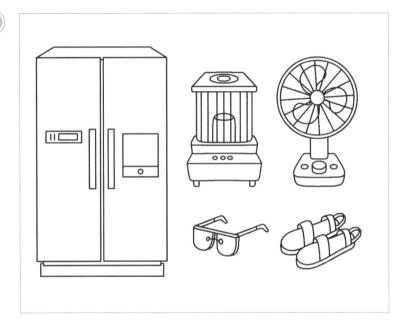

완성예제

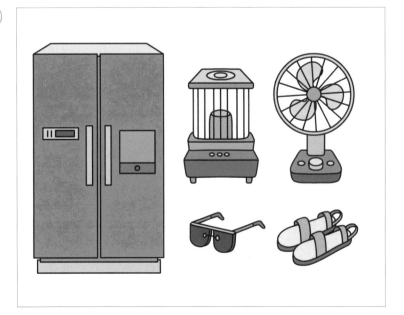

그림판에서 사막생활
그림을 불러온 후 [색 채우기]
툴로 예쁜 색을 골라
채워 보세요.

따라해보세요

3 한셀로 만들어요

- 수식을 이용하여 계산하는 방법을 알아보아요.
- 절대참조에 대해 알아보아요.

◉ 연습파일 : 할인가격.cell
◎ 완성파일 : 할인가격(완성).cell

계산식을 이용할 때 채우기 핸들을 드래그하면 자동으로 식이 바뀌었죠? 계산에 사용하는 셀의 위치가 움직이지 않도록 고정하는 절대참조를 알아보아요.

	다른 나라에서 판매한 물건			
			할인율	10%
물건	수량	판매가격	할인금액	
선풍기	100	₩ 5,000,000	₩ 500,000	
난로	50	₩ 3,500,000	₩ 350,000	
선글라스	90	₩ 2,700,000	₩ 270,000	
샌들	60	₩ 1,200,000	₩ 120,000	

▲ 완성파일

① 할인금액을 계산하기 위해 [E7] 셀에 '=D7 * E4'를 입력하고 Enter 를 눌러요.

② 계산된 수식을 채우기 핸들로 드래그
하여 복사하면 [E7] 셀에는 제대로 계
산이 되지만 나머지 셀은 계산한 결과
가 틀린 것을 알 수 있어요. 식에서 참
조하고 있는 셀 위치가 이동해서 제대
로 계산되지 않아요.

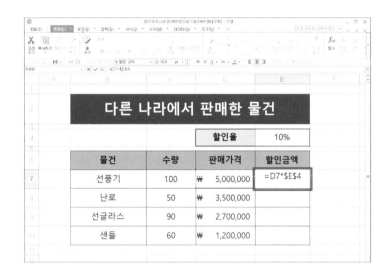

③ 수식을 모두 지우고 다시 [E7] 셀에
'=D7 * E4'를 입력하고 Enter 를 눌
러요. 계산식에 사용되는 [E4] 셀의
위치가 바뀌지 않도록 기호를 입력하
여 절대참조 형식으로 만들어요.

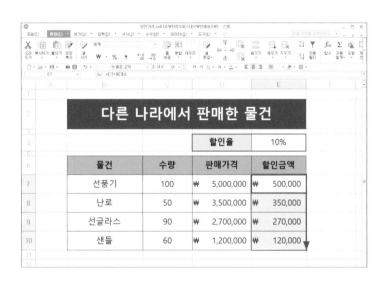

④ 수식을 [E10] 셀까지 채우기 핸들을
이용하여 복사하면 제대로 계산된 것
을 확인할 수 있어요.

혼자서 해보기

1 절대참조를 이용하여 할인금액을 구하는 계산식을 완성해 보세요.

⊙ 연습파일 : 입장요금.cell
◎ 완성파일 : 입장요금(완성).cell

	A	B	C	D	E
1					
2		박물관 입장요금			
3					
4			할인율	20%	
5					
6			정상금액	할인금액	
7		어른	₩ 8,000	₩ 1,600	
8		어린이	₩ 6,000	₩ 1,200	
9		단체관람객	₩ 5,000	₩ 1,000	
10					

2 절대참조를 이용하여 추가 요금을 구하는 계산식을 완성해 보세요.

⊙ 연습파일 : 추가요금.cell
◎ 완성파일 : 추가요금(완성).cell

	A	B	C	D	E	F
1						
2		미래직업 체험학습 요금				
3						
4				추가요금	₩ 1,000	
5						
6			기본요금	추가시간	추가요금	
7		어린이CEO	₩ 15,000	1시간	₩ 1,000	
8		코디네이터	₩ 15,000	2시간	₩ 2,000	
9		디자이너	₩ 16,000	1시간	₩ 1,000	
10		프로그래머	₩ 13,000	2시간	₩ 2,000	
11						

23 하늘에서 돈이 내려와요.

학습
목표
● 갑자기 많은 돈이 생긴다면 어떻게 하고 싶은지 이야기 나누어요.
● 돈이 많이 생기면 어떤 문제가 있는지 알아보아요.

에피소드 1 타자연습

- 하늘에서 돈이 펑펑 떨어진다면 어떨까요?
- 한컴타자연습에서 이야기를 타자로 연습해요.

⊙ 연습파일 : 하늘돈.txt

	타수
하늘에서 비가 내리는 줄 알았더니 돈이 떨어져요.	27
많은 사람들이 서로 많이 주우려고 바쁘게 움직여요.	56
모두들 한 아름씩 돈을 안고 신나게 집으로 돌아가요.	86
다음날 시장에 갔더니 과자 한 봉지에 만 원이래요.	115
내가 좋아하는 짜장면은 한 그릇에 오만 원이래요.	143
"어? 왜 갑자기 가격이 올라갔지?"	164
아무래도 돈이 많이 생기면서 가격들이 올라간 것 같아요.	196
돈이 많아진다고 무조건 좋은 것은 아닌가 봐요.	223

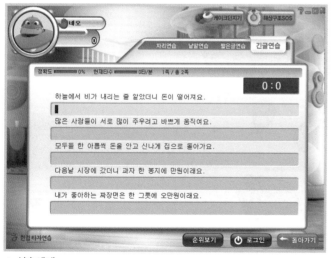

▲ 실습예제

궁금해요

돈이 갑자기 많아진다면 좋을 것 같죠? 하지만 돈으로 살 수 있는 물건의 수는 정해져 있기 때문에 사람들이 돈이 많아지면 물건의 가격도 함께 올라가게 돼요. 이런 것을 인플레이션이라고 해요. 짐바브웨라는 나라는 한동안 인플레이션으로 인해 음식을 사려면 돈을 가방에 가득 담아 주어야 하는 일도 있었다고 해요.

2 이야기 그리기

- 친구들은 하늘에서 어떤 것이 떨어지면 좋을까요?
- 좋아하는 물건들이 하늘에서 떨어지는 모습을 그려 보아요.

◉ 연습파일 : 하늘선물.gif

작업예제

완성예제

그림판에서 하늘선물
그림을 불러온 후 [브러시]와
[연필] 툴로 하늘에서 떨어지는
모습을 그리고 [색 채우기]
툴로 예쁜 색을 골라 채워요.

따라해보세요

3 한셀로 만들어요

- 합계를 자동으로 계산하는 방법을 알아보아요.
- 평균을 자동으로 계산하는 방법을 알아보아요.

⊙ 연습파일 : 물건가격.cell
◎ 완성파일 : 물건가격(완성).cell

함수를 이용하면 다양한 계산을 할 수 있어요. 간단한 자동 함수를 이용하여 계산하는 방법을 알아보아요.

	과자	사탕	껌	우유	합계
물건 가격이 올랐어요!					
울트라마트	5,000	4,000	7,000	10,000	26,000
푸드마트	6,000	5,000	7,000	12,000	30,000
올마트	6,000	4,000	6,000	11,000	27,000
팡팡마트	5,000	4,000	5,000	10,000	24,000
평균가격	5,500	4,250	6,250	10,750	

▲ 완성파일

① 자동 합계를 구하기 위해 [C5:G8] 셀을 블록 설정한 후 [수식] 탭-[함수] 그룹에서 [합계(Σ)]를 선택해요.

② 선택한 범위의 데이터를 자동으로 계
산하여 합계를 구할 수 있어요.

③ 물건 가격의 평균을 구하기 위해
[C5:F9] 셀을 블록 설정한 후 [수식]
탭-[함수] 그룹에서 [평균]을 클릭해요.

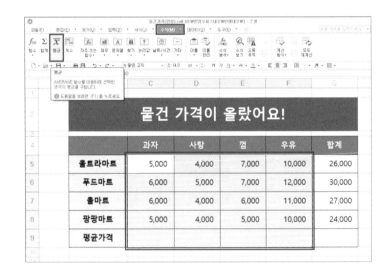

④ 선택한 범위의 데이터를 자동으로 계산하여 평균을 구할 수 있어요.

	과자	사탕	껌	우유	합계
울트라마트	5,000	4,000	7,000	10,000	26,000
푸드마트	6,000	5,000	7,000	12,000	30,000
올마트	6,000	4,000	6,000	11,000	27,000
팡팡마트	5,000	4,000	5,000	10,000	24,000
평균가격	5,500	4,250	6,250	10,750	

물건 가격이 올랐어요!

혼자서 해보기

1 자동 함수식을 이용하여 합계와 평균을 구해 보세요.

◉ 연습파일 : 봉사활동시간.cell
◎ 완성파일 : 봉사활동시간(완성).cell

	A	B	C	D	E	F	G	H
1								
2		1학기 봉사활동시간						
3								
4		반	3월	4월	5월	6월	합계	
5		1반	10시간	10시간	8시간	10시간	38시간	
6		2반	12시간	8시간	8시간	10시간	38시간	
7		3반	10시간	8시간	12시간	8시간	38시간	
8		4반	8시간	10시간	8시간	12시간	38시간	
9		평균	10시간	9시간	9시간	10시간		
10								

2 자동 함수식을 이용하여 최댓값과 최솟값을 구해 보세요.

◉ 연습파일 : 체육대회점수.cell
◎ 완성파일 : 체육대회점수(완성).cell

	A	B	C	D	E	F	G	H
1								
2		체육대회 점수표						
3								
4		학년	달리기	이어달리기	풍선터트리기	응원	최고점수	
5		1학년	100점	80점	80점	90점	100점	
6		2학년	90점	95점	90점	75점	95점	
7		3학년	80점	70점	95점	80점	95점	
8		4학년	100점	75점	75점	95점	100점	
9		최저점수	80점	70점	75점	75점		
10								

학습
목표
● 화폐 속에 나오는 인물들에 대해 알아보아요.
● 친구들과 장래 희망에 대해 이야기 나누어요.

월	일	타수

에피소드 ① 타자연습

- 화폐 속에 나오는 인물들에 대해 이야기 나누어요.
- 한컴타자연습에서 이야기를 타자로 연습해요.

⊙ 연습파일 : 화폐얼굴.txt

	타수
백 원짜리 동전 속에는 이순신 장군의 얼굴이 들어 있어요.	32
천 원짜리 지폐 속에는 이황, 오천 원짜리 지폐에는 이이의 얼굴이 들어 있어요.	77
만 원짜리 지폐 속에는 세종대왕, 오만 원짜리 지폐에는 신사임당이 들어 있어요.	122
화폐 속에는 우리가 존경하는 사람들의 얼굴이 들어 있어요.	155
다른 나라의 화폐 속에도 사람들의 얼굴이 많이 들어 있어요.	189
새로 만들어지는 지폐에 내 얼굴이 들어간다면 정말 좋겠죠?	222
나도 어른이 되면 훌륭한 인물이 되고 싶어요.	248
공부도 만점, 경제도 만점인 어린이 최고 경영자가 되고 싶어요.	284

▲ 실습예제

궁금해요

화폐에는 훌륭한 인물이나 국가의 상징과 같은 그림이 들어가요. 우리나라의 화폐에는 신사임당, 세종대왕, 율곡 이이, 퇴계 이황과 같은 위인들의 얼굴이 들어가 있어요. 다른 나라에서도 큰 업적을 세운 대통령이나 과학자, 발명가의 얼굴이 들어가요. 우리가 화폐 속의 인물이 되려면 어떤 노력을 해야 하는지 친구들과 이야기를 나누어 보아요.

② 이야기 그리기

- 화폐 속에 내 얼굴을 들어간다면 어떤 모습일까요?
- 비어 있는 공간에 친구들의 얼굴을 그려 넣어 보세요.

⊙ 연습파일 : 화폐.gif

작업예제

완성예제

그림판에서 화폐 그림을
불러온 후 [연필] 툴이나
[브러시] 툴로 얼굴을 그리고,
[색 채우기] 툴로 예쁜 색을
골라 채워 보세요.

따라해보세요

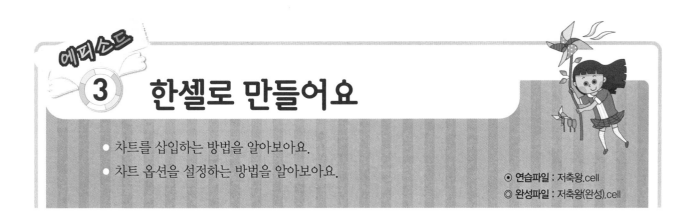

- 차트를 삽입하는 방법을 알아보아요.
- 차트 옵션을 설정하는 방법을 알아보아요.

⊙ 연습파일 : 저축왕.cell
◎ 완성파일 : 저축왕(완성).cell

복잡한 데이터를 차트로 만들면 한눈에 쉽게 이해할 수 있어요. 차트를 삽입하는 방법을 알아봅니다.

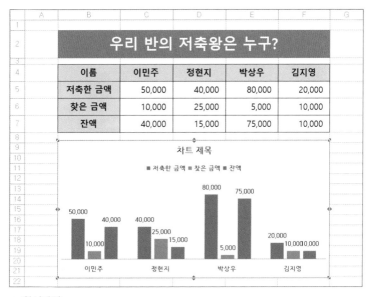

▲ 완성파일

① 차트를 삽입하기 위해 [B4:F7] 셀을 블록 설정한 후 [입력] 탭-[차트] 그룹-[세로 막대형(📊)]에서 '묶은 세로 막대형'을 선택해요.

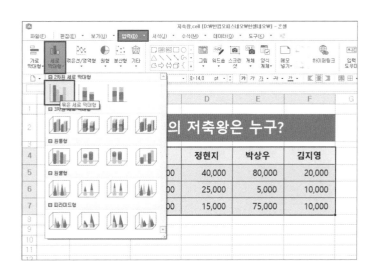

② 시트에 차트가 삽입되면 테두리를 드래그하여 그림과 같이 크기와 위치를 바꿔요.

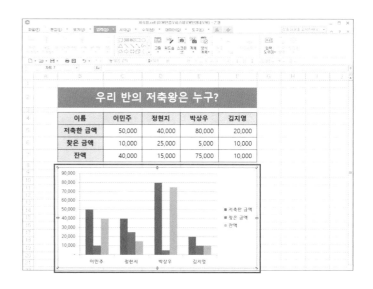

③ 차트 스타일을 바꾸기 위해 [차트] 탭–[스타일] 그룹의 [차트 계열색 바꾸기( )]를 클릭하고 목록에서 '색3'을 선택해요.

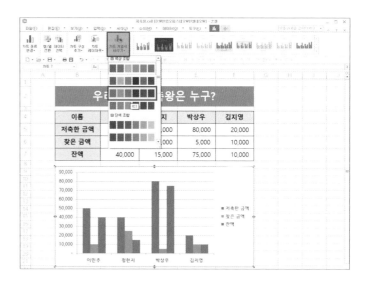

④ 차트 레이아웃을 바꾸기 위해 [차트 도구]–[스타일] 탭–[차트 레이아웃]을 클릭하고 목록에서 '레이아웃3'을 선택해요.

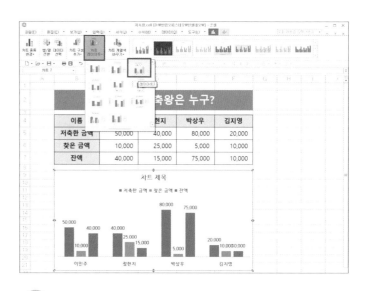

혼자서 해보기

1 시트의 데이터를 이용하여 '묶은 세로 막대형' 차트를 만들고 그림과 같이 완성해 보세요.

⊙ 연습파일 : 인기쿠키.cell
◎ 완성파일 : 인기쿠키(완성).cell

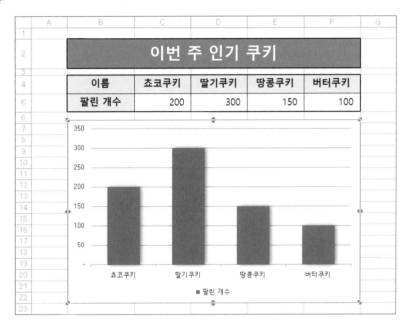

이름	쵸코쿠키	딸기쿠키	땅콩쿠키	버터쿠키
팔린 개수	200	300	150	100

이번 주 인기 쿠키

2 시트의 데이터를 이용하여 '표식이 있는 꺾은선형' 차트를 만들고 그림과 같이 완성해 보세요.

⊙ 연습파일 : 인기스타.cell
◎ 완성파일 : 인기스타(완성).cell

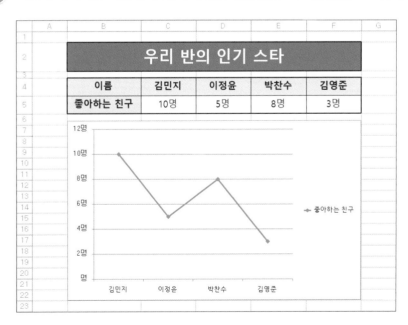

이름	김민지	이정윤	박찬수	김영준
좋아하는 친구	10명	5명	8명	3명

우리 반의 인기 스타